本书出版受自贡市哲学社会科学重点研究基地——产业转型与创新研究中心课题（CZ23C02）资助

国际贸易风险管理

周凌轲　著

中国财富出版社有限公司

图书在版编目（CIP）数据

国际贸易风险管理／周凌轲著．－－北京：中国财富出版社有限公司，2025.3．－－ISBN 978 - 7 - 5047 - 7884 - 0

Ⅰ.F740.4

中国国家版本馆 CIP 数据核字第 202419D191 号

策划编辑	郭逸亭	**责任编辑**	郭逸亭	**版权编辑**	李　洋
责任印制	梁　凡	**责任校对**	庞冰心	**责任发行**	黄旭亮

出版发行	中国财富出版社有限公司	
社　　址	北京市丰台区南四环西路 188 号 5 区 20 楼　　**邮政编码**　100070	
电　　话	010 - 52227588 转 2098（发行部）　　010 - 52227588 转 321（总编室）	
	010 - 52227566（24 小时读者服务）　　010 - 52227588 转 305（质检部）	
网　　址	http：//www.cfpress.com.cn　　**排　　版**　宝蕾元	
经　　销	新华书店　　**印　　刷**　北京九州迅驰传媒文化有限公司	
书　　号	ISBN 978 - 7 - 5047 - 7884 - 0/F·3721	
开　　本	710mm×1000mm　1/16　　**版　　次**　2025 年 3 月第 1 版	
印　　张	12.75　　**印　　次**　2025 年 3 月第 1 次印刷	
字　　数	202 千字　　**定　　价**　58.00 元	

本书献给婷婷和苗苗

序　言

"贸易会让所有参与贸易的人过得更好",这一论断在各类经济学著作中被反复提及,世界各国的经济发展史也为这一论断提供了足够多的宏观实证。但国际贸易在微观上并不能保证所有参与国际贸易的商人都能从交易中获利,其原因有三。

第一,第三方的介入让国际贸易流程变得复杂。不同于面对面的一般交易,国际贸易的当事人在很多时候自始至终都是不见面的,他们通过现代通信手段来沟通,通过物流公司来完成货物转移,又通过金融机构来完成资金转移;在必要的情况下,还会让保险公司介入为货物转移保驾护航。因此,每一笔国际贸易的顺利完成,不仅依赖于买卖双方当事人的诚信与业务履行能力,也依赖于银行、物流公司等第三方当事人的诚信与能力。任何一个环节存在问题都会导致整个交易出现问题,也会让当事人无法从交易中获益。

第二,买卖双方当事人存在法律、制度、惯例上的差异。参与国际贸易的买卖双方当事人,他们在不同的关税区营业,不同关税区之间存在法律、制度、惯例上的多方面差异,这会带来两个问题:一是交易中相同的行为,可能在不同法律制度下存在合法与非法的差异;二是买卖双方当事人所做出的同一意思表示,由于关税区不同存在理解上的差异。

第三,国际贸易受到更多的外部环境影响。作为一种经济活动,任何商业交易都会受到所在地经济环境变化的影响。如果说国内交易会受到国内经济环境的影响,那么国际贸易则会受到来自不同国家或地区经济环境的多方面影响。作为一个商人,准确预测经济环境的变化是相对困难的,外部环境的多变让国际贸易成为一个难以掌控的经济活动。

针对以上三个原因，我们可以得出一个综合性结论——国际贸易是一种具有风险性的经济活动。因此，作为从事国际贸易业务的商人，应学会识别并管理这种风险，这样才能在国际贸易中获益。然而，国际贸易风险管理是一件复杂的工作，不仅涉及经济、管理的问题，也涉及法律、政治等问题。

为较好地阐释明白上述问题，笔者将国际贸易分为三个领域：一是与交易本身的主合同及其附属合同相关的商务领域；二是与企业从事国际贸易业务之后管理相关的经营领域；三是与影响国际贸易的外部环境相关的经济领域。同时，国际贸易中存在的风险问题，也恰好存在于商务、管理、经济三个方面。在这种思路下，笔者从商务、管理、经济三个角度论述了国际贸易中存在的风险，以及各种风险如何管理的问题，以期从实用的角度为企业从事国际贸易业务提供参考。

国际贸易是一个复杂的、涉及多门学科知识的复合经济活动，在不同的案例中会出现全新的风险形态，对这些风险的管理手段也在不断进化，这让国际贸易风险管理研究变得相对复杂；加上笔者自身水平有限，书中难免存在谬误之处，敬请读者批评指正。

目　录

第一篇　铺垫

第二篇　商务风险及其管理

第三篇 经营风险及其管理

第四篇 经济风险及其管理

第一篇

铺　　垫

第一章 基本概念

要做好国际贸易中的风险管理，要先了解什么是国际贸易、国际贸易和一般的商业交易存在什么区别，以及国际贸易中存在怎样的风险。因此，本书开篇第一章，先就国际贸易的基本概念和国际贸易中存在的风险进行介绍。

一、什么是国际贸易

（一）国际贸易的定义

要了解什么是国际贸易，应先了解什么是贸易。"贸易"（trade）一词拆解来看，"贸""易"二字均有交换之意，而"贸"从"贝"则带有金钱的含义。用现代汉语来解释，所谓贸易，即带有商业性质的交换。简单来说，一切带有商业性质的交换，均可以称之为贸易。需要注意的是，概念上贸易所讲的交换，没有限定是以金钱为媒介的交换，简单的物物交换也可以认为是贸易的一种。只是说在现代商业环境下，金钱作为一般交易等价物，商品（包括货物、服务、电子性无体物）等与金钱之间的交换被定义为贸易。

根据参与贸易的当事人所处地点，贸易可以被分为国内贸易（domestic trade）和国际贸易（international trade）。一般来讲，贸易活动的发生至少会存在两个及两个以上的当事人。以两个当事人参与的贸易活动为例，如果这两个当事人所处的地点位于同一关税区①，这样的贸易活动称为国内贸易；如果这两个当事人所处的地点位于不同关税区，则称为国际贸易。

在国际贸易活动中，商品由一个关税区流向另一个关税区，而金钱则与之反向移动。在概念上，我们将商品流出、金钱流入称为出口；而将商品流入、金钱流出称为进口。出口与进口构成了国际贸易的主要活动内容，也可以说国际贸易所关联的一切活动，都是围绕出口与进口来展开的。因此，出口与进口的业务操作，也成为从事国际贸易工作所必须要掌握的职业技能。

(二) 国际贸易的重要性

从事国际贸易的理由很简单，其实就是为了谋利。对于出口一方而言，将商品出售给其他关税区的当事人，可以获得比出售给本关税区的其他当事人更高的利益，这就是出口的原动力。同样，对于进口一方而言，购买其他关税区的商品比购买本关税区的同类商品或自己生产制造该类商品成本更低，这就是进口的原动力。

事实上，国际贸易不仅会给从事国际贸易的当事人带来经济上的利益，对一个关税区而言同样如此。

图1.1为出口时一个关税区的社会福利变化情况，其中 S 为供给曲线，D 为需求曲线，Q 代表数量，P 代表价格。我们之前提到，之所以要出口，是因为商品销往其他关税区的时候，可以让出口一方当事人得到更多的收益。假设不进行国际贸易，该关税区的某商品价格为 Pe，那么在本关税区销售商品时，当事人只能得到 Pe 的收益。而如果将商品销往其他关税区，该当事人可以获得更高的 Px 收益。此时，将不会接受以 Pe 价格在本关税区销售商品，

---

① 所谓关税区，是指可以独立征收关税的行政区域，虽然多数情况下，一个国家就是一个关税区，但关税区不能等同于国家，一个国家存在多个关税区的情况也是存在的。例如，我国大陆地区、香港特别行政区、澳门特别行政区、台湾地区的关税体系并不相同，货物在四个地区之间移动并不等同于货物在大陆各省市之间的移动。因此，大陆及港澳台地区虽然都是我国的领土，但它们却是不同的关税区。读者需要注意，国际贸易的"国际"一词，并不能直接等同于"国家之间"，而是"关税区之间"。因此，发生在大陆及港澳台地区之间的交易，虽然是一国之内的交易，但仍然会被视为一种"国际贸易"。

本关税区的消费者也只能在 Px 的价格下购买商品。在新的市场均衡下，消费者剩余将从原来的（$a+b$）减少为 a，但由于商品的出口，以及商品价格的上升，生产者剩余会从原来的 c 大幅增长为（$b+c+e$）。可以看出，在出口的情况下，该关税区的社会福利将增加 e，而 e 的部分就是出口给该关税区带来的红利。这就是世界各国鼓励本国企业出口的原因。

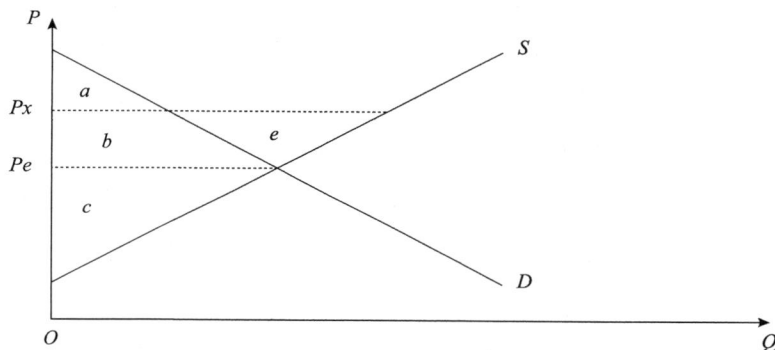

图 1.1　出口时关税区内的社会福利变化

　　而进口对于一个关税区国民经济的影响则更为有趣。在重商主义思想盛行的年代，欧洲国家的政府认为贵金属才是财富的表现形式，出口可以赚取其他关税区的贵金属，这是对国家发展有利的行为。而进口则会消耗本关税区保有的贵金属，这是一种损害国家利益的行为。因此，在那个年代，国家通常会对进口做出一些限制。事实上，限制进口的贸易保护行为，即使在今天也是常见的。

阅读材料

　　美国政府在当地时间 5 月 23 日发出指示，要求探讨对进口汽车加征关税的限制措施。日本共同社表示担忧，认为向美国大量出口整车的日本也将不可避免地成为被限制对象。美国政府反复批评日本市场是"封闭的"，日本很可能会被迫开放市场，作为不被纳入限制措施适用对象的交换条件。汽车是支撑各国经济的基础产业，世界贸易摩擦或将进一步升温。

日本共同社 5 月 24 日报道称，若美国政府限制汽车进口措施启动，将成为继 2018 年 3 月起采取的钢铁和铝进口限制措施后的又一强硬措施。

这在即将开始的新美日贸易磋商中也将成为议题。若日本制造商也被征收 25% 的高关税，恐将被迫从根本上调整海外战略。

美国商务部贸易收支数据显示，美国 2017 年从日本进口乘用车、卡车、巴士、零件共计 559 亿美元，仅次于墨西哥和加拿大，位居第三，第四位是德国。

美国政府 2 月首次向国会提交的经济报告指出，"美国一直对日本汽车市场的封闭性表示强烈关切"。2 月 17 日对德国指责称："梅赛德斯 - 奔驰和宝马大量进入美国，而美国在欧洲销售汽车则很难。"

美国政府此前取得了"以豁免钢铁进口限制为筹码使韩国在贸易谈判中大幅让步"的实际成果。据分析，美国政府的战略是不仅以钢铁，还以汽车进口限制为武器，向贸易对象国施压。

美国商务部将调查汽车进口的影响等，将在 270 天内向总统报告，但也有可能在约 5 个月后的中期选举前拿不出调查结果。日本共同社预计，如果美国政府单方面对进口车征收高关税，各国必将猛烈反对其违反世界贸易组织规则。（资料来源：环球网，有删改）

然而，进口真的就对国民经济有害吗？从社会福利的观点看并非如此。

图 1.2 为进口时一个关税区的社会福利变化情况。与出口时正好相反，一个关税区的消费者愿意购买其他关税区的商品，是因为同类商品在其他关税区的价格更为低廉。假设在没有进口的情况下该关税区的某商品价格为 Pe，而同类商品在其他关税区的价格为 Pi，那么对于该关税区的消费者而言，选择进口商品则是一种更为理性的选择。此时，该关税区商品将不得不按照更为低廉的 Pi 价格进行交易。此时，由于价格的下降，消费者可以购买到更多的商品，消费者剩余也由原来的 a 上升为 $(a+b+d)$，而该关税区的生产者剩余则由原来的 $(b+c)$ 减少为 c。此时，由于消费者剩余增加部分要大于生产者剩余减少部分，该关税区的社会福利会增加 d。

由此可见，虽然进口是一种向其他关税区支付金钱的行为，但从福利的

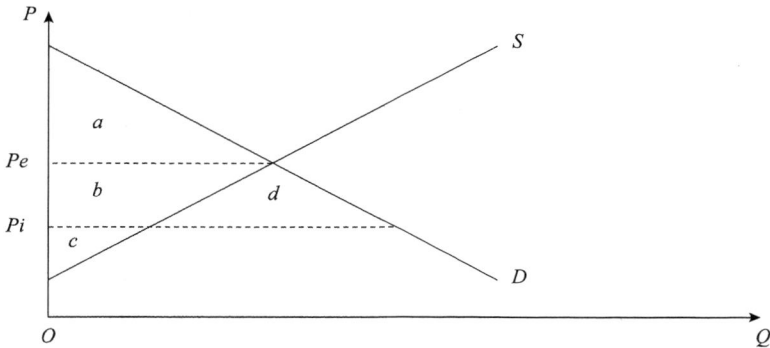

图 1.2 进口时关税区内的社会福利变化

角度看，本关税区的消费者可以用更低廉的价格买到商品，社会总福利得到提升。因此，无论是出口还是进口，其实都是可以让本关税区的国民经济获益的行为。我国加入世界贸易组织（WTO）之后的经济高速增长和人民生活水平的显著提高也充分说明了此问题。

阅读材料

　　加入世界贸易组织以来，尤其是党的十八大以来，我国形成了以开放促改革、以改革促发展的良好格局。习近平总书记在党的十九大报告中提出"推动形成全面开放新格局"，党的十九届五中全会绘制了建设更高水平开放型经济新体制的新蓝图，进一步推进了我国的市场化、法制化、国际化营商环境建设。自 2013 年 9 月在上海建立第一个自由贸易试验区以来，迄今已建立 21 个自由贸易试验区和海南自由贸易港，我国已成为国际直接投资的最大目的地国家之一；在"一带一路"倡议和"走出去"战略的引领下，中国制造、中国资本和中国服务的国际竞争力取得长足发展。

　　加入世界贸易组织以来，中国经济与世界经济融合发展，成为促进世界经济发展的重要引擎之一。20 年来，我国的经济贸易成就表现突出，对外贸易增长速度长期显著高于 GDP（国内生产总值）增速。中国加入世界贸易组织对世界经济增长产生了强劲推动作用，为世界各国贡献了更多的市场机遇和更为物美价廉的商品。中国对全球经济增长的年均贡献率接近 30%，在发展本国经济的同时也极大地造福世界，成为世界经济复苏和发展的重要稳定器和动力源，为世界贡献了中国发展的红利。（资料来源：《光明日报》，有删改）

二、国际贸易的风险

既然国际贸易是一个对国家、对人民都有益的经济活动，自然也会成为国家和民间机构都热衷参与的活动。然而，无论是国家还是民间机构，要从国际贸易中获得利益，就必须先了解国际贸易中存在的风险，并对这些风险进行有效的管理。

（一）国际贸易的流程

国际贸易的风险存在于国际贸易的流程之中。了解国际贸易的风险，要先了解国际贸易的基本流程。

根据核心定义（见图 1.3），国际贸易是在不同关税区营业的双方当事人之间发生的商品与金钱之间的交换。如果我们要提取定义的核心关键词，该定义可以简要地浓缩为"国际贸易是交换"。因此，交换是国际贸易的核心。当然，由于不在同一关税区的问题，双方当事人可能从交易开始到交易结束都没有真正见面。要在双方当事人没有见面的情况下完成交易，必然需要双方当事人之外的第三方介入，而第三方的介入正是让交易变得复杂的原因，同时也是让国际贸易充满风险的原因。

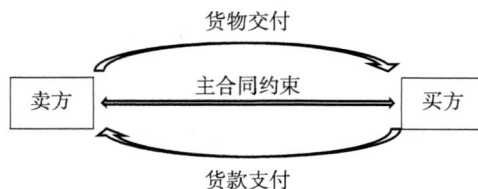

图 1.3　国际贸易的核心定义

由图 1.4 可见，在不考虑双方当事人交换意见、市场调查等过程中的信息交易的情况下，国际贸易的核心实际是两个"流"。一是由出口方流向进口方的有关货物移动的"物流"；二是由进口方流向出口方的有关金钱移动的"资金流"。

```
        ┌──────────────────────────────────────┐
        │      物流公司介入（国际物流）           │
        └──────────────────────────────────────┘
           ↗        ┌──────────┐         ↘
          /         │  海关监管  │          \
         /          └──────────┘           \
  ┌────────┐                          ┌────────┐
  │  出口方 │                          │  进口方 │
  └────────┘                          └────────┘
         \          ┌──────────┐           /
          \         │  金融监管  │          /
           ↘        └──────────┘         ↙
        ┌──────────────────────────────────────┐
        │      银行介入（国际结算）              │
        └──────────────────────────────────────┘
```

←———— 商品流向   ←------- 金钱流向

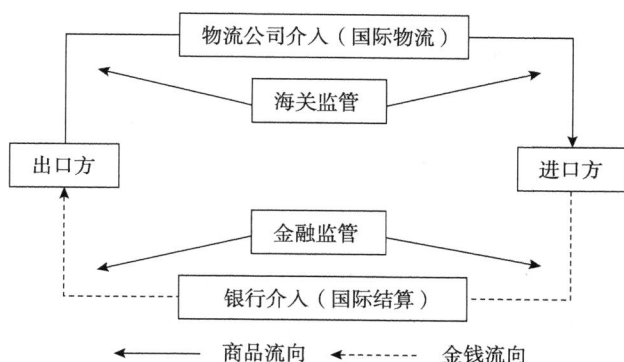

图 1.4 国际贸易流程拆解

在物流一侧，商品从出口方来，以物流企业为媒介，通过出口关税区的国内物流、两个关税区之间的国际物流、进口关税区的国内物流最终到达双方当事人约定的地点[①]。在物流过程中，商品需要受到来自出口关税区海关和进口关税区海关的监管，同时需要保险公司的风险承保。

在资金流一侧，金钱从进口方出来，以金融机构（通常为具有外汇业务处理能力的银行）为媒介，在经多家金融机构流转后到达出口方。在资金流动过程中，金钱会受到来自金融监督部门的监管。另外，由于进出口关税区的法定货币和国际贸易中的结算货币可能不一致，资金流动过程往往伴随外汇风险，这也需要双方当事人的注意。

因此可见，要完成商品和金钱的交换，除双方当事人之外，还需要银行或其他金融机构协助完成金钱的转移；需要物流企业协作完成商品的移动；需要保险公司协助对冲运输过程中的风险。同时，资金的流动过程还需要面对金融监督部门的监管；商品的移动过程也要面对海关的监管。除此之外，政府的外贸政策、国家间的政治与经贸关系、不同地区的风俗习惯、国际公约，甚至气候、季节等都会对国际贸易产生影响，这也为国际贸易中风险的产生埋下了伏笔。

---

① 鉴于国际贸易的定义，本书所提及的"国际物流""国内物流"中的"国际""国内"概念，均指"不同关税区之间""同一关税区之内"的含义。

（二）国际贸易的风险类型

那么，在复杂的国际贸易中存在哪些风险呢？笔者认为主要有以下三类：

1. 商务风险（commerce risk）

所谓商务风险，是来源于国际商务领域的风险。更直白来讲，即国际贸易本身的风险。虽然经济学理论告诉我们国际贸易是一个让所有参与其中的关税区都获益的事情，但到微观层面之后，双方当事人在进行交易时，彼此之间仍然会存在一种相互对立的利益关系。简单来讲，一个固定的商品，买方希望以尽可能低的价格购买，而卖方则希望以尽可能高的价格出售，这种相互对立的利益关系就构成了商务风险的起因。例如，双方当事人在协商订立合同的时候，一定会力求在合同中加入有利于自己的条款，如果相对当事人不能及时识别对方的潜在意图，则可能在交易中陷入不利的境地。而且不同关税区的法律、商业惯例不尽相同，双方当事人完全可能对合同中的同一条款产生完全不同的理解，由此造成交易中出现矛盾。除此之外，由于国际贸易中存在第三方的介入，因此双方当事人在操作进出口业务时，不仅需要关注与相对当事人的合同，同时需要关注与第三方的合同关系，如负有订立运输合同的一方当事人必须处理好与物流公司的合同关系；负有投保责任的一方当事人必须处理好与保险公司的合同关系；进口一方当事人必须处理好与银行之间订立的有关金钱转移的合同关系；等等。任何一环出现问题都会导致商务风险的发生。

2. 经营风险（management risk）

经营风险通常来自从事国际贸易的企业内部。当企业开始从事国际贸易时，其所面临的业务环境与单纯的国内交易会存在很大不同，这种不同主要来源于不同关税区存在的不同消费习惯、风俗，甚至宗教信仰。例如，麦当劳畅销全球的巨无霸汉堡（big mac），在世界大部分地区可以视为优点的双层牛肉饼，在具有印度教信仰的印度却成为其出售的障碍。如果从事国际贸易的企业管理人员不能熟悉这些问题，企业的出口业务将会遭到重大打击。这些问题在企业进行国内贸易时并不会成为障碍，但在国际贸易中，企业则不得不对类似问题进行管理。

阅读材料

（2022 年）11 月 18 日，距离 2022 卡塔尔世界杯开赛只剩两天，国际足联（FIFA）突然宣布世界杯全部 8 座球场以及周边区域将禁售酒精饮料。

这份声明发布后，花了 7500 万美元赞助本届世界杯的啤酒商百威发推特写道："这就尴尬了……"这条推特很快就被删除，百威发言人回应称"情况超出了我们的控制，一些计划中的体育场活动无法推进"。

此事同样让众多球迷感到失望，有人吐槽道："这会是历史上最糟糕的一届世界杯吗？"还有人表示"看世界杯就得喝啤酒"，"这（喝酒）是足球文化的一部分"。英国球迷组织更是发布公开声明批评此事，称这会让球迷担心赛事主办国是否会兑现他们在住宿、交通和文化等相关方面的其他承诺。（资料来源：观察者网，有删改）

3. 经济风险（economic risk）

经济风险是国际贸易的外部风险。事实上，我们所有经济活动都会受到外部的经济、政治、社会影响。只是进行国内贸易时，双方当事人所处的经济、政治、社会等方面的环境大致相同，因而对于外部风险会有一个较好的认知，并可以通过采取相关措施进行预防。国际贸易则要复杂得多，因为国际环境多变，国与国之间的商贸协定和政治协定、国际组织出台的贸易规则、各国经济货币政策带来的汇率变化，这些都是作为商人的双方当事人无法控制的事情，而这些因素又势必对国际贸易产生影响。此类不确定性因素，都可以归纳为国际贸易中存在的经济风险。

对于这三类风险而言，商务风险解决起来相对简单，只要双方当事人在交易中都保有对完成交易的善意，基于长期商业利益以及维持良好商业关系的需要，双方当事人都可以对相对当事人出现的问题予以最大限度的宽容。而那些介入国际贸易的第三方，其作为服务提供商，也不太容易与双方当事人产生纠纷。但需要注意的是，这并不意味着对于商务风险的管理不重要。

因为商务风险大概率涉及法律问题，尤其是国际商法的问题，这是一个相对专业的领域，双方当事人都需要经过专门学习才能熟练掌握其内容。经营风险的管理也不复杂，对于从事国际贸易的企业管理，其实务与一般企业管理并不会有太大的区别，主要是在一些涉外业务的管理中需要考虑到国际因素。经济风险的管理则是最为困难的，主要原因是经济风险是单纯的外部风险，对企业的管理而言属于一种外生变量。但即便存在困难，企业也不能对经济风险置之不理，因为经济风险给企业带来的影响可能是致命的。

三、国际贸易风险的性质与管理思路

通过以上内容，我们已经知道了国际贸易中主要存在商务风险、经营风险、经济风险。但要管理这些风险，仅仅知道风险的分类是不够的。

（一）风险的概念

"风险"是日常生活中经常提到的词汇，但风险到底是什么？如何准确定义？国际贸易作为一项经济活动，我们对国际贸易中存在的风险也应从经济学意义和日常生活意义的双重角度去思考。

1. 经济学意义

经济学上，"风险"一词更接近于统计学上讲的方差或标准差。当使用正确的自变量、模型和数据时，理论上讲我们可以近乎准确地预测一个指标在未来的结果，如增加国际营销投入带来企业订单数量增加；投入全新生产设备让未来的生产成本降低；等等。但仍然需要注意，这种预测只能是"近乎准确"，而不是"绝对正确"。从结论来看，即使自变量、模型和数据都是准确的，我们所预测的结果也只能是接近未来的真实结果。从统计学意义上看，如果时间可以无限制重复，我们可以得到无数个未来的真实结果，这些结果的平均应是我们模型所预测的结果。同时，每一个结果与模型预测结果之间都会存在一个差，而这些差的平均则是标准差。

如图 1.5 所示，我们将对于未来的预测与未来真实的结果之间的差作为密度函数的函数值，由于我们使用的自变量、模型、数据都是正确的，所以对于未来的预测，其数学期待值一定与未来真实结果一致，只是任意一个未来真实结果相对于预测值则会出现忽左忽右而已。因此，可以认为对于未来的预测与未来真实的结果之间的差，它将呈现出一种数学期待为 0，但存在一定标准差的正态分布。

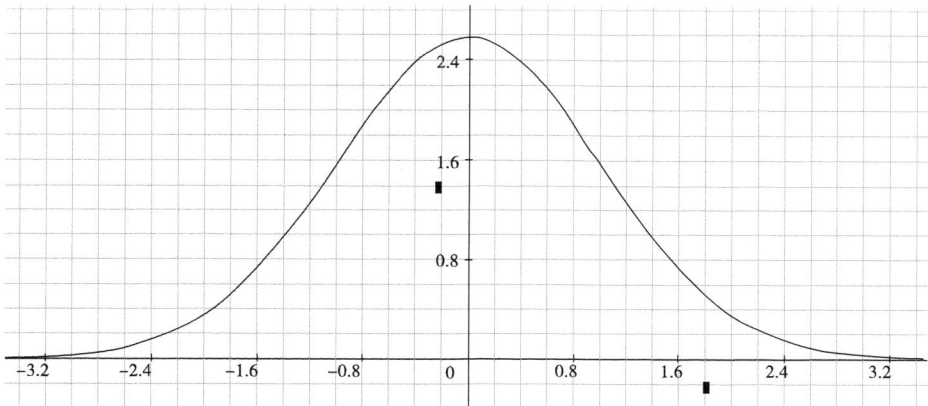

图 1.5　正态分布

因此，我们可以得出一个结论：在自变量、模型、数据都正确的前提下，我们可以精确预测出未来真实结果的数学期待值，但未来真实结果与数学期待值之间会存在标准差，由于标准差在定义上本身就是一个"差"的数学期待，那么对于任意一个真实结果而言，它与预测值之间的差是不可预知的。这种不可预知就是风险的来源。

举例说明，一个企业通过一系列计算得到一个结果，每增加 1% 的海外营销费用，可以带来 0.5% 的营收增幅。这种 1% 对 0.5% 的结果是模型所呈现的预测结果，而不是真实结果。当企业真金白银投入海外营销之后，是否真的能带来 0.5% 的营收增长呢？结果并非如此，企业可能得到的营收增长仅仅是 0.1%，甚至是负的，但也有可能带来超过 0.5% 的营收增长。我们只能说：平均来看，企业可以去期待 0.5% 的营收增长的结果。

从上述例子中我们还需要看到一个更重要的结论：风险并非是有害的！如我们预测了企业营收会有 0.5% 的增长，但是真实的结果可能是 0.6%，甚至更高，这种真实结果与预测结果的差异就是风险，但这种给我们带来更高收益的风险并不会让企业反感。我们需要明白的是，大风险仅仅意味着未来的真实结果与预测结果之间的差可能更大，但这种"大偏差"完全有可能是偏向于对我们有利的一面。当然，从图 1.5 中我们也可以看出，对我们有利一面的偏差和对我们不利一面的偏差出现的概率是一样的，这就解释了我们经常听到的一句话，叫作"高风险，高收益"。

2. 日常生活意义

生活中，多数人对于风险的理解更贴近于危险或损失。对于多数人而言，由风险带来了更高收益的时候，当事人可能更倾向于将其认为是一种"幸运"。如果说要对风险进行管理，企业的职业经理人将带来收益的风险消灭，可能并不是一个讨人欢喜的做法。因此，在商业实践中，虽然学理上并不会将风险和损失直接挂钩，但对于风险的管理就是一种帮助企业减少商业实践中的损失的操作。例如，企业也许不会去关注多投入 1% 的海外营销费用能带来多少的营收增加，但会相当在意由于没有充分做好市场调查，产品不能在预期的目的地市场成功销售而造成的损失。因此，虽然将风险理解为危险或损失并不符合学理的定义，但这完全符合商业实践的需求。

（二）国际贸易风险的归类

在上文中，我们对国际贸易中存在的风险进行了简单的归类，这是一种从国际贸易流程中进行分类提取风险的归类方式；我们也了解到，风险的概念需要从经济学的意义和日常生活的意义两种角度进行思考。那么，国际贸易中存在的风险究竟属于经济学意义上的风险还是日常生活中的风险？这个问题需要深究。

我们先从结论来看，国际贸易中存在的风险既存在经济学意义上的风险，也存在日常生活意义上的风险。经济学意义上的风险，主要存在于经济风险上。例如，使用非本国货币进行国际贸易结算的交易，一定会存在外汇风险，汇率的变化是不可预测的，外汇风险便来源于此。本国货币升值有利于进口，不利于出口，但本国货币的升值或贬值又取决于外汇市场上其他国家对于本国货币的供需，这并不是一个企业可以干涉的。因此，在交易过程中，汇率既可能朝着对当事人有利的方向变化，也可能朝着相反方向变化。换句话说，外汇风险是存在让当事人获益的可能的。此时的风险就完全符合经济学意义上的风险。

但国际贸易中存在的风险并不仅只有经济学意义上的风险。大部分商务风险和经营风险都是日常生活意义上的风险。例如，当事人的知识体系落后，无法理解 2020 年版《国际贸易术语解释通则》中 CIP 术语的含义，由于之前版本的 CIP 术语只要求出口方为商品在运输中的风险投保，但并没有规定选择何种保险条款。为了节约成本，出口方将商品按照最低承保标准投保成了国际贸易实务中的惯例。但最新版的 CIP 术语明确了出口方必须以最高承保标准投保，这就与传统的 CIP 术语存在本质差异。如果出口方不熟悉《国际贸易术语解释通则》的变化，就可能造成合同违约，进而遭到进口方的制裁。可见，如果销售人员没有做好海外市场调查，会给企业带来重大损失。以上两种风险分别为商务风险和经营风险，这两类风险于企业而言，带来的只能是损失，符合日常生活意义上的风险特征。

（三）国际贸易风险的管理思路

就风险管理本身而言，常见的有四种方式[①]，具体如下：

1. 风险回避

所谓回避，即回避掉风险产生的根本原因。这种风险管理思路主要用于风险发生概率过大，且风险发生之后给企业带来的损失过大的情况，这是一种能绝对屏蔽风险的处理方式。就国际贸易而言，只有从事国际贸易业务才会面临国际贸易中存在的风险，如果企业认为国际贸易中存在的风险是完全不可接受的，那么放弃国际贸易业务即可。

---

① 风险管理的方法有很多，本书在撰写过程中借鉴了韩国建国大学张东汉教授所著 *Risk Management and Insurance* 一书的观点。

这是一种看似非常消极的风险管理方式，但在国际贸易中十分常见。比如之前有新闻报道，××通讯公开表示"将限制现有在伊朗的合作项目，并停止拓展新的客户，原因是××公司发现合约涉及一些美国禁运产品"。暂且不论美国通过长臂管辖原则干涉他国的贸易是否合理，就当时的国际贸易环境而言，××通讯违反美国的禁令，可能遭到的制裁是公司无法承受的。鉴于此，采取风险回避的方式处理相关问题是一种无奈之举，但也是合理的选择。

2. 损失控制

所谓控制，是指对风险发生的频度，以及风险发生时造成损失的严重程度进行控制。这是一种较风险回避更为积极的风险管理方式。在面对可能发生的风险时，虽然无法完全杜绝，但企业可以通过一定的手段降低风险发生的可能性。比如加大对产品质量的抽检力度，以降低消费者买到不良品的概率；加强产品的安全管理，尽可能杜绝产品对消费者造成意外伤害引起的巨额赔偿事件。

这里也需要注意，如果企业选择对风险进行损失控制，需要具有两个前提条件。一是企业认为所面临的风险与可能有的收益相比，是可以接受的。二是依据企业风险发生的频度和风险发生后给企业带来的损失的数学期待值在可接受的范围内。

3. 风险持有

所谓持有，其实可以视为一种放任，即企业对可能遇到的风险采取一种"不管理"的态度。但需要注意的，企业的"不管理"，并非是什么都不做，而是通过调查和分析，确认所面临的风险发生的概率极小，或者即使发生了所带来的损失也极小。例如，民航运输业基本不会给货物或者乘客配备降落伞，这并非是因为货物价值不够高，更不是因为乘客的生命不值钱，而是因为以现今民航客机的安全性，发生严重事故的概率极低。就好比在日常生活中，几乎不会有人在意是否会感冒，这并不是因为我们不会感冒，而是因为感冒不会对我们的健康造成什么影响。可见，虽然风险持有也可以看成一种消极的风险管理方式。但要采取这种消极的风险管理方式之前，需要有一个积极的调查过程。

4. 风险转嫁

所谓转嫁，是将本应由企业承担的风险，转嫁给其他企业或个人。虽然这样的行为听起来好像不太道德，但这确实是当前商业实践中最常见的风险管理方式。要注意的是，在实施风险转嫁后，风险发生的频度并不会有任何变化，风险带来的损失也不会因此减少，只是当风险发生并导致损失发生的时候，由其他企业或个人来承担这种后果。在当前的商业实践中，保险行业就是一个提供风险转嫁服务的行业。保险公司通过收取保费，承诺在承保风险发生之后，对投保人受到的实际损失进行补偿。由此可见，风险转嫁并非是一种不道德的行为，而是一种对于服务的购买行为，被转嫁风险的保险公司，也是因为收取了保费而提供等价服务而已。

以上四种风险管理方式各有利弊，企业在进行国际贸易时，需要根据不同风险的不同情况，适当选择风险管理方式。

由表 1.1 可知，风险管理的方法有多种，不同风险管理方法都存在相应的利和弊。如果我们将风险的发生频度（罕见、低、高）作为一个维度，将风险发生之后所造成的损失（高、低）作为另一个维度，我们可以得到表1.2，并根据发生频度和损失找到相对应的风险管理方法。当然，现实中国际贸易风险管理远比表中列举得要复杂，我们需要对不同类型风险进行分析，而后才能做出正确的决定。这是一个复杂的过程，也是本书希望深入讨论的问题。

表 1.1   **不同风险管理方式的比较**

风险管理方式	优点	缺点
风险回避	完全杜绝风险	完全放弃盈利的可能性
损失控制	对风险进行预防，减少损失	产生管理成本
风险持有	节约管理成本	无法应对大风险
风险转嫁	具有安定性、便利性	需要承担转嫁成本

表 1. 2   风险管理方式选择矩阵

损失程度 风险频度	低	高
罕见	风险持有	风险转嫁
		航空器事故①
低	风险持有	风险转嫁
	低值易耗品损坏或遗失	火灾、交通事故
高	损失控制	风险回避/转嫁
	生产安全事故	

---

① 在上文中，我们有举例说明航空公司通常不会给货物或乘客配备救生设备，但需要注意的是，货主和乘客仍然可以自己给自己投保。同时，由于航空器是十分昂贵的财产，一次事故造成航空器损坏对航空公司而言经济损失是十分惨痛的。因此，航空公司会给航空器投保。

第二章　保险

第一篇第一章谈论风险管理方式时说到了保险——这一最常见的风险管理手段，其本质就是一种风险转嫁。事实上，对于保险不仅在日常生活和国内贸易中发挥作用，在国际贸易中也占有重要地位。本章我们就保险的一般性概念进行介绍。

一、保险的定义与保险当事人的权利与义务关系

从风险管理的角度出发，对保险可以做出如下定义：保险是保险人给予被保险人的，当被保险人出现偶然性风险并由此遭受损失时，保险人对被保险人的实际损失作出补偿的一种风险转嫁服务。

基于上述定义，我们可以简要画出保险中各当事人的权利义务关系，如图 1.6 所示：

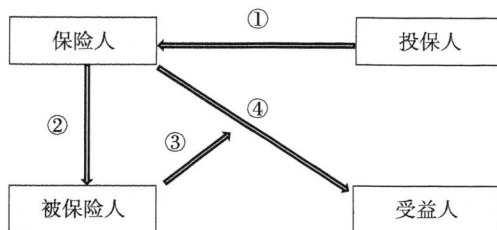

图1.6　保险当事人的权利与义务关系

图中①表示：保险作为一种金融服务，当事人之间的权利与义务关系通过合同确定，投保人向保险人（保险公司）支付保费，保险合同成立；②表

示：保险人为被保险人所面临的风险进行承保，即被保险人所面临的风险被转嫁给保险人；③表示：如果被保险人发生了承保风险，并由此遭受损失，立即触发保险合同中的补偿条款；④表示：保险人向受益人支付保险金，作为对被保险人损失的补偿。

从以上的关系可以看出，在保险服务中，出钱的是投保人，发生风险的是被保险人，而获得补偿的则是受益人。为了避免不公平情况出现，在大多数情况下，投保人、被保险人、受益人会是同一当事人，即自己出钱投保，自己发生风险进而遭受损失，然后从保险公司处获得补偿。也就是说，这一当事人只是在不同阶段拥有了不同的角色，但他始终是一个人。

当然，在保险实践中，投保人、被保险人分离的情况也是存在的。例如，依据《国际贸易术语解释通则》CIF 或 CIP 术语进行交易时，出口方将以投保人的身份为货物在国际运输过程中可能遭遇的风险进行投保，由于 CIF 或 CIP 术语均属于出口国交货术语，货物在运输过程中其风险承担属于进口方责任，即出口方投保其实是为了满足进口方的风险转嫁需求。此时就出现了投保人与被保险人分离的情况。

那么在保险实践中是否存在受益人与被保险人分离的情况呢？这极为罕见。试想，如果允许受益人与被保险人分离，那么被保险人因风险而遭受损失将成为受益人的利益。简单来说，对于此时的受益人而言，他人出现风险，自己将得到补偿。那么受益人将不可避免地去期待、放任，甚至追求这种风险的发生，由此必将带来道德层面甚至是法律层面的问题。

阅读材料

世界上是否存在受益人和被保险人分离的保险服务？答案是肯定的。但保险公司对于被保险人与受益人分离的合同，只有存在"被保险利益"时才会接受。比如在人寿保险业务中，被保险人死亡时，我们并不能期待保险人向已经死亡的被保险人支付保险金。在这种时候，被保险人与受益人分离就是唯一的选择。

那么我们是否需要担心受益人刻意使被保险人发生风险呢？事实上，如果受益人与被保险人之间存在"被保险利益"时，我们并不会因此担忧。这里的"被保险利益"，可以理解为受益人与被保险人之间存在的一种特殊利益关系，如父母和子女、夫妻之间，如果其中一方为被保险人，另一方为受益人时，他们之间追求另一方的风险显然不符合现实逻辑。假设子女死亡，父母因此获得保险金，我们完全可以把父母得到的保险金理解为保险公司对父母失去子女的悲痛的补偿。因为在正常的家庭伦理中，父母绝不会因为保险金去追求子女的风险。

但如果受益人与被保险人之间不存在这种被保险利益关系，保险公司就不会去接受一个受益人与被保险人分离的保险合同。

二、保险的经济学意义

可能有人会问，保险公司将原本属于被保险人的风险转嫁到自己身上，没有发生风险还好，一旦发生风险，保险公司岂不是会遭受损失？或者，如果没有发生风险，投保人投保的意义何在？保费是否又成为一种浪费？要解释以上两个问题，就需要了解保险的经济学意义。

（一）保险公司有利可图吗

我们从结论说起，除一些政策性保险之外，保险公司作为一家自负盈亏的商业机构，其经营保险业务是有利可图的。保险公司并不会饥不择食地接受所有的风险转嫁要求，而是会选择那些可以让自己获益的风险展开保险业务。对保险公司而言，选择可以承保风险的核心立场即风险与损失可以通过一定的数学方法进行预测。一般来讲，保险公司选择承保的风险都要满足以下条件：

①多数性、同质性。这主要是基于大数定律。举例来讲，我们要预测汽车发生事故的概率，如果观察对象仅有 1 辆汽车，那么无论我们怎样观察，事故发生的概率都只能是0%或100%。只有所观察的对象足够多的时候，我

们才能通过抽样得到接近于真实的答案①。

②偶然性。对于保险公司而言，如果损失不是偶然的而是必然的，那就意味着承保之后遭到索赔是一种必然结果，这样的风险显然不能成为以盈利为目的的保险公司的经营对象。

③可观测性。由于保险公司必须以金钱的形式来收取保费，同时也要以金钱的形式支付保险金，对于损失而言，则必须要求可以以金钱进行衡量。假设风险给当事人带来的是所谓的"心灵创伤"，这种无法客观衡量的损失，就不能成为保险公司承保的对象。

④不能带来灾难性损失。如果损失是灾难性的，一旦发生足以让公司破产，对于保险公司而言，即使这种风险发生的概率不大，也不会承保这样的风险。

阅读材料

买了豪车也苦恼！记者了解到，普通车辆见到豪车绕道走，保险公司也怕这些豪车。武汉不少顶级豪车都面临着投保难的问题，这并非车主不愿意投保，而是保险公司不愿承保。

据报道，鄂尔多斯一位车主花3800万元买了一辆布加迪，没有一家保险公司愿意承保，由于没保险，车主至今不敢开出门。据武汉保险代理人王先生透露，武汉也有很多豪车买不到保险。去年，汉口的一位车主买了辆保时

---

① 我们可以简单证明大数定律对于保险的意义，仍然用汽车发生事故来举例说明。我们假设有以下变量：

L_i = 单次汽车事故发生的损失

L = 汽车事故发生后的总损失

L 和 L_i 之间存在以下关系，$L = \sum_i^n L_i$。由于每次汽车事故都是相互独立且同质的，因而会遵循以下分布：$L_i \sim (\mu, \sigma_2)$。那么，L 的分布可以表达为：$L \sim (n\mu, n\sigma_2)$。对于保险公司而言，在每一次接受汽车事故保险投保时，都只会将新加入的 L_i 视为 L/n。根据统计学的方法，我们可以计算出 $L/n \sim (\mu, \sigma_2/n)$。当趋近于无穷大时，$L/n$ 的标准差将趋近于0。换句话说，当我们拥有足够大的同质样本，就能对汽车风险发生的损失进行准确预测。这就是大数定律在保险上的运用。

捷的跑车，找了七八家保险公司，都不愿意卖保险给他，无奈之下，他只买了交强险就上路了。

汉口青年路一家大型汽车修理厂的孙经理向记者介绍，近年来，武汉市场上的豪车数量增长很快，有些豪华跑车车主买不到保险就"裸奔"，出了事故就自己花钱修，买得起豪车的人也不在乎谁出修理费。

据了解，豪车保费一年一般在数万元以上，面对豪车的诱人保费，大多数保险公司仍不敢接单，记者咨询了多家保险公司，其普遍表示，虽然车险保费根据费率计算，即车的价位越高，保费也越高，但保险公司所要承担的风险也越高。相对于普通车而言，赔款倍数远高于保费的倍数，承保性价比差。"以一辆140万元的宝马7系为例，其保费就2万多元，但它一个保险杠坏了，维修费用就可能高达两万多元，而一辆富康一年的保费4000多元，维修一个零件可能只需上百元。保费与维修费不成正比，保险公司承保风险自然就很大。"太平保险车险相关负责人介绍。（资料来源：央视网，有删改）

⑤损失发生的概率可以计算，便于保险公司精确测算保费。

⑥经济合理的保费。保费应经济合理，如果一个风险所造成的损失满足以上所有的条件，但其保费水平高到了任何投保人都无法接受的程度，那这种保险不会有人投保，自然也失去了保险的意义。

综上所述，基于上述条件，由于风险的发生是一个概率问题，保险公司完全可以计算出风险发生的频度，以及风险发生之后的损失，并由此推算出自己承保后需要支出的金额。只要收取的保费总额大于预测的保险金支出金额，保险业务就可以让保险公司盈利。

（二）投保人有利可图吗

有很多对保险不了解的人，或者说风险管理意识不强的人，可能存在一种认识：我选择了投保，但最后风险没有发生，那我的保费岂不是浪费吗？这种认识不能说完全没有道理，但陷入了一个逻辑悖论中。一个购买了汽车保险的驾驶人会因为不愿意浪费保费而期待自己出事故吗？在没有出事故之前，没有人希望事故出现，这又是在期待浪费保费吗？当然，对保险投保人有何利益的问题，我们需要做出更为科学且严谨的推断。

要解决这个问题，我们需要从经济学效用的角度来思考问题。假设我们拥有一些财产，这些财产的价值为 V_1，然而这些财产存在一个被损坏的概率 P，一旦发生损坏，财产的价值即全部丧失。另外，假设我们都满足"边际效用递减"原则，拥有一条凸函数形态的效用曲线，如图 1.7 所示。

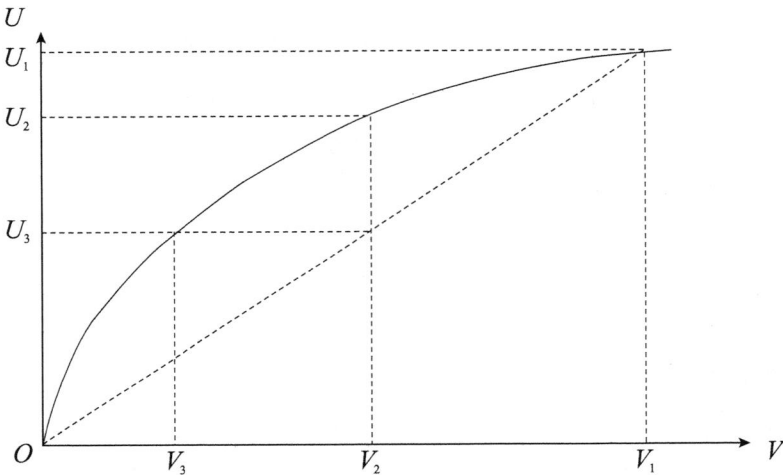

图 1.7　投保对于具有凸函数效用曲线的投保人效用的影响

在以上两条假设下，我们可以知道，如果财产没有被损坏，它将给我们带来 U_1 的效用，一旦损坏则没有任何效用。由于损坏的概率为 P，则可知不损坏的概率为 $(1-P)$，损坏是不存在效用，而不损坏所带来的效用为 U_1。我们可以算出这些财产价值的数学期待价值为 $(1-P)V_1$，所能带来效用的数学期待值为 $(1-P)U_1$。根据平面几何的相关定理，我们可知这些财产的价值和效用分别位于图 1.7 的 V_2 和 U_3 的位置。所以说，我们如果对财产面临损坏的风险不做处理，财产给我们带来效用的数学期待值即为 U_3。

因此可以推断，如果在投保之后，我们的效用可以大于 U_3，就可以认为投保是有意义的。在我们计算投保后的效用之前，我们还需要思考一个问题，即在保险公司的立场上，保费至少应是多少的问题。根据大数定律，由于财产价值的数学期待值为 V_2，我们可知如果保险公司承保了大量同质的财产风险，平均下来每个资产都会有（$V_1 - V_2$）的损失，即保险公司需要对每个财产都做出（$V_1 - V_2$）的补偿，这就是保险公司承保的成本。

假设保险公司按照成本征收保费，对我们而言，财产的价值将被固定。假设财产没有损坏，虽然财产的价值是 V_1，但由于缴纳了（$V_1 - V_2$）的保费，我们实际拥有的财产也只有 V_2；假设财产被损坏，虽然财产的价值消失，但保险公司会以保险金的形式补偿我们 V_1，减去已经缴纳的保费，我们拥有的资产仍然是 V_2。因此，一旦选择投保，那么财产的价值就固定为确定的 V_2，而不是一个数学期待 V_2。此时，由于财产价值的固定，它所带来的效用也将会固定为 V_2 在效用曲线上所对应的 U_2。从图 1.7 可以轻易看出，U_2 是明显大于 U_3 的，也就是说投保之后所固定的效用会大于不投保效用的数学期待。因此，投保对投保人而言，是一个有利可图的事情。

但可能有人会问，我们在上述说明中，假设了保险公司仅仅征收了成本作为保费。但在现实的商业实践中，保险公司是需要盈利的，那么保险公司所征收的保费必定要大于（$V_1 - V_2$），如果是这样，投保人是否还有利可图？

事实上，在没有投保的情况下，财产给我们带来的效用是 U_3，即使保险公司为了盈利征收更多的保费，虽然这会导致效用下降，但只要没有低于 U_3，保险对投保人而言就仍然有利可图。我们可以得出结论，只要保费不高于（$V_1 - V_3$），一个理性的当事人还是会倾向于投保。

我们在上述说明中做了一个前提假设，即我们拥有一条凸函数形态的效用曲线。如果我们的效用曲线不是凸函数，而是直线，甚至是凹函数，那么我们还会做出投保的选择吗？下面我们来进行论证。

如果我们的效用函数是一个凹函数，如图 1.8 所示，即处于一种"边际效用递增"的状态，我们投保后效用会固定为一个确定的 U_2，而不投保则会有一个数学期待 U_3，虽然 U_3 只是一个数学期待而非确定值，但从 U_3 明显要高于 U_2 的情况来看，不投保才是一种合理的选择。那么，如果效用函数是一条直线，即图 1.8 的矩形对角虚线（此时属于一种边际效用等量状态），此时 V_3 与 V_2 重合，U_3 与 U_2 重合，即投保后确定的效用与不投保时的数学期待效用是一样的。那么，投保与否对于我们来讲就没有明显的区别。

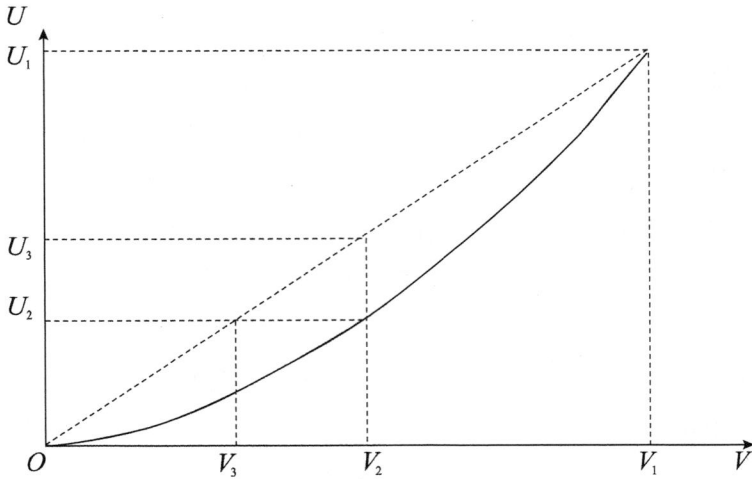

图 1.8　投保对于具有凹函数效用曲线的投保人效用的影响

由此可以看出，关于保险对于投保人是否有利可图的问题，完全取决于我们的效用函数形态。在经济学上，我们将拥有凸函数的效用曲线称为"风险回避型"；将拥有直线效用函数的称为"风险中立型"；而将拥有凹函数的效用曲线称为"风险偏好型"。虽然说三种对于风险的态度都可以在学术上被定义，但我们必须认识到，"边际效用递减"的"风险回避型"才是常态；"风险中立型"在微观经济学研究中，出于研究的便利性而时常使用；而"风险偏好型"大多数情况下只是一种存在于理论中的形态。因而，我们仍然可以说，保险对于投保人而言，是有利可图的。

三、保险的基本原理

（一）保险的一般性原理

保险作为风险管理的最简单手段，也可以说最常被使用的手段，具有较为完整的运行规则。保险的一般性原则可以归纳为以下 4 种：

1. 损坏补偿原则（Principle of Indemnity）

包括国际贸易保险在内的财产保险（property insurance），在对受益人进行补偿时，都会遵循"实际现金额"（actual cash value）的原则。实际现金额就是按照"替代成本减去折旧"进行计算。

具体来讲，当损失发生之后，被保险人的利益受到损害，要弥补这种损害，被保险人需要支出一笔新的款项，以购买替代品或者修复损坏的财产。但需要注意的是，由于财产在进行价值衡量的时候，都存在一个折旧的问题。在计算保险金的时候，折旧也必须考虑在内。

举例来讲，一辆汽车原价为 10 万元，计划使用 10 年后报废。按等额折旧计算，每年将会折旧 1 万元。如果在使用两年之后发生事故，在事故发生的时间点，同种汽车的价格为 11 万元。此时，汽车的实际现金额为 9 万元。如果汽车事故造成全损（包括推定全损），保险公司支付的保险金则应为 9 万元；如果事故造成 50% 的损失，则保险金为 4.5 万元。

之所以保险拥有损坏补偿原则，是因为保险不能让受益人通过保险获益，即受益人得到的金钱补偿，只能用于弥补被保险人遭受到的实际损失。如果这种金钱补偿大于实际损失，就会产生道德风险问题（moral hazard）。

阅读材料

美国联邦储蓄保险公司 19 日发表声明称，已经与纽约社区银行的全资子公司旗星银行达成协议，向其出售签名银行的绝大部分存款业务和一部分贷款业务。20 日起，签名银行的全部 40 家分行将由旗星银行管理。此次交易不包括与签名银行的数字银行业务相关的约 40 亿美元存款。此外，签名银行大约 600 亿美元的贷款业务也仍处于联邦储蓄保险公司的管理之下，留待处置。

美国媒体 19 日援引知情人士消息报道，联邦储蓄保险公司正在寻求拆分出售已经关闭的硅谷银行。据报道，硅谷银行预计将至少被拆分为两部分进行出售。其中，硅谷银行的私人银行业务将进行单独出售，这部分业务主要服务高净值人群，竞购截止日期为 22 日；联邦储蓄保险公司设立的接管硅谷银行存款和资产的"过渡银行"，将作为另一部分进行出售。

美国银行接连爆雷，引发市场担忧。业界担心，恐慌情绪蔓延引发针对美国其他金融机构的挤兑风暴。为此，美国财政部、美联储和联邦储蓄保险公司此前宣布采取行动，为事发银行储户存款"兜底"，包括存款额超过25万美元的客户。而在此前，根据标准，每名有存款保险的银行储户最高承保额为25万美元。美国监管机构出手，为事发银行存款"一保到底"的做法，引发舆论担忧。（资料来源：央视新闻，有删改）

2. 被保险利益原则

所谓被保险利益，是指被保险人一定要在风险中遭受到损失，保险金则是对被保险人的损失的补偿。试想，如果被保险人在风险中没有遭受损失，而又能得到保险金补偿的话，保险也会成为一个盈利的工具，这与保险制度的设立初衷是不相符的。因此，在保险行业中，存在"No Insurable Interest, No Insurance"（无被保险利益，无保险）的说法。

我们曾用父母与子女、夫妻之间出现的被保险人与受益人分离的案例提到过被保险利益的问题，在此我们可以借助被保险利益的概念再次加深理解。当被保险人与受益人之间没有任何关联的时候，如果允许投保，则会出现被保险人受损，受益人获益的情况。在这种情况下，我们很难保证受益人会不会放任被保险人风险的发生，甚至是主动追求这种风险的发生。如果被保险人与受益人是父母与子女、夫妻等亲密关系时，当被保险人受到损害时，受益人至少在情感上也受损害，而这种情感损害就可以被理解为一种"被保险利益"。

3. 代位原则

代位原则是指被保险人的利益在收到来自第三方的伤害，而且第三方存在过错需要对损害的发生负责时，保险人会先行向受益人支付保险金，同时取得向第三方追偿的权利。

事实上，如果被保险人受到的损害是由第三方的过错造成的，那么第三方是负有赔偿责任的。理论上讲，在出现这种情况的时候，受益人肯定会收到来自第三方的赔偿，或者收到来自保险人的保险金补偿。但需要注意的是，受益人一定不能在收到赔偿的同时收到保险金补偿。同时收到赔偿和补偿，这明显超过了被保险人实际受到的损害。对于受益人而言，如果其直接向第三方索求赔偿，则可能陷入与第三方的法律纠缠中。出于提高保险行业服务质量的目的，在现实的保险实践中，保险人往往会先行向受益人进行补偿，再从受益人手中获取向第三方请求赔偿的权利。由于此时保险人在向第三方索求赔偿，实际是替代了原来属于受益人的法律地位，故而称之为"代位"。可以看出，代位实际上是在不影响原来的权利与义务关系上，提高保险服务质量的一种手段，如图1.9所示。

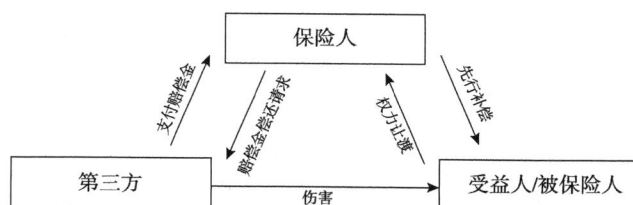

图 1.9　保险代位

4. 最大善意原则

保险作为一种民商法行为，自然需要遵循民商法的基本原则——诚实信用原则。但就诚实信用而言，在保险行业中存在更重要的现实意义。我们需要明白，在保险行业中，信息的不对称问题是行业运行的最大障碍。比如，财产所有人在对财产进行投保时，财产的实际状况投保人知道，但保险人并不知道，保险人只能通过投保人的陈述进行了解，然而却很难保证投保人的所有陈述都是真实的。投保人基于自己利益最大化的目的，会夸大财产价值。在其他商业活动中，如果当事人不遵守诚实信用原则，将伤害相对当事人的利益；在保险行业中，如果失去了诚实信用原则，整个行业将变得没有意义。因此，保险行业要求当事人，尤其是投保人必须以最大善意来遵守诚实信用原则。

实践中，通常要求投保人履行告知与通知义务。所谓告知，即要求投保人在投保时将投保标的物的真实情况（财产保险中的财产情况，人寿保险中的健康状况）如实告知保险人。所谓通知义务，即要求保险合同生效之后，在合同存续期间，如有重大变化，或者足以改变原来保险合同成立条件的任何变化，投保人都需要告知保险人。

当然，除上述 4 个基本原则之外，保险行业的运行还存在其他一些原则，这些具体的原则，我们将在之后运用保险管理国际贸易中存在的风险时深入讨论。

（二）保险行业的运行

保险作为风险管理中最便捷的手段，得到包括国际贸易在内的各行各业的广泛应用，也形成了一套较为完善和规范的运行机制。

我们必须明白，保险行业是一个服务行业，投保人、被保险人、受益人在某种立场上看都是保险人的"客户"。既然如此，保险人所提供的保险服务，必须让投保人、被保险人、受益人得到效用上的提升。另外，除政策保险之外，一般的保险行业并不是一个福利行业，而是一个商业行业。既然如此，保险人需要在提供保险服务让"客户"得到效用提升的同时，自己获得利润。我们在上文中已经阐明了，保险人和投保人在保险行业中都是有利可图的，那么这套机制是如何运行的？这是我们现在需要说明的问题。

在保险行业的运行机制中，最重要的一步就是"风险汇集"（Pooling）。所谓风险汇集，就是保险人将大量的、同质的风险汇聚在一起的意思。这对于保险行业来说，是保证风险可控的关键一步。风险汇集背后的数学意义我们在上文中已经说明了。每个风险的发生在理论上都是相互独立的，风险是否真的发生完全是一个概率问题。当这些相互独立的分布相加以后再根据其数量取算术平均的时候，这个新的分布的方差为原来单个独立分布方差的 $1/n$。而当风险的数量足够大，也就是当 n 足够大时，这个方差会趋近于 0，从而让保险人可以准确预测风险发生的概率。只有当风险的概率可以被准确预测时，保险人才能根据其预测结果设置合适的保费，并设计合理的保险条款。

从这种风险汇集中，我们可以提炼到两个重要信息：

一是并非所有风险都可以使用保险进行管理，或者说保险人设计的保险商品，并不涵盖所有的风险。以国际贸易为例，一方当事人因为自身的商业道德违约，给相对当事人带来风险。对于这种风险就没有办法进行风险汇集，因为特定当事人的商业道德水平，仅仅是这一当事人给相对当事人带来的风险水平。当交易对象发生变化时，风险的水平就完全不一样。因此，这类风险就不满足大量且同质这一要求。所以，在一般的商业保险中，我们基本上都找不到针对此类风险的保险商品。

二是保险解决的是对于未来的不确定性问题。我们在之前的介绍中将风险分为经济学意义和日常生活意义两个大方向，但依靠保险来管理的风险，只能是经济学意义的风险。也就是说，当使用保险商品进行风险管理时，并非风险不会发生，也不是风险发生之后的损失会减小，而是将保险标的物的价值恒定下来，从而让投保人（或被保险人、受益人）不必担心标记物价值变化所带来的影响。

正因如此，保险对于以下两种情况是不适用的：

一是对于发生概率无法预测或预测存在极大困难的风险，如地震、战争、核电站事故等，这些风险一旦发生会给人民的生命财产带来极大伤害，但我们无法准确预测地震、战争等灾害的发生，因而要对这些风险进行保险方面的管理就存在困难①。

阅读材料

5月12日，《中国银行保险报》记者从中国银行保险监督管理委员会（以下简称"银保监会"，现更名为国家金融监督管理总局）获悉，截至2022年3月末，地震巨灾保险共同体累计支付赔款7037万元，在地震灾害救助中发挥了积极作用。

党中央、国务院高度重视巨灾保险工作。近年来，银保监会认真贯彻落实党中央、国务院有关决策部署，指导保险业积极作为，加快推进巨灾保险工作。一是从地震巨灾入手，联合相关部门出台《建立城乡居民住宅地震巨

---

① 在此需要解释，地震、战争等难以预测的风险难以使用保险进行管理，是基于这些风险的发生概率难以预测而言的，并不是说针对这些风险完全不能设计保险商品。比如对于地震高发地区，当地保险公司可以设计针对性保险商品。

灾保险制度实施方案》等文件，建立地震巨灾保险制度规范。二是指导 40 多家保险公司组建中国城乡居民住宅地震巨灾保险共同体，聚集行业力量，提升保障能级，推动地震巨灾保险制度落地。截至 2022 年 3 月末，地震巨灾保险共同体累计为全国 1674 万户次城乡居民提供 6424 亿元的巨灾风险保障。三是指导地方结合自身风险特点开展试点，推动巨灾保险在广东、四川等十多个省市落地，形成发展合力和示范效应。

银保监会表示，将始终坚持以人民为中心的发展思想，持续推进巨灾保险工作，指导保险业运用好创新思维和系统观念，在产品定价、技术服务等方面大胆创新，全面激发巨灾保险发展潜力，加快构建包含地震、台风、洪水、强降雨、泥石流等灾害在内的多灾因巨灾保险体系，充分发挥巨灾保险在国家应急管理体系中的重要作用，让巨灾保险成果更好地惠及广大人民群众。（资料来源：《中国银行保险报》）

二是对于存在经济性缺陷的风险。我们已经说明，作为以盈利为经营目的的保险人而言，保险服务实际是一个盈利的工具。对于有些风险来说，保费测定过低，风险一旦发生，保险人可能陷入亏损；但如果将保费测定过高，又让投保人无法接受，导致保险商品无法销售或销售量不足[①]。这些经济性缺陷都让有些风险难以有针对性的保险商品。

---

① 由于保险的运行机制中要求对大量且同质的风险进行风险汇集，如果保险商品销售量不足，将导致保险人无法完成风险汇集，这样的保险商品是不可以持续存在的。

第二篇
商务风险及其管理

第一章 商务的概念

商务风险是国际贸易中的一类内生风险，即由相关当事人的过失产生，也可以由相关当事人进行内部管理。在这一章中，我们将来思考什么是商务，以及商务风险是如何产生的。

一、从合同视角理解国际贸易

（一）什么是合同

合同，又被称为契约，从字面去理解即两个或两个以上的当事人对某一件事达成一致。合同的概念发展至今，已经成为各国民商法体系中都存在的一个重要概念。甚至在民商法分立的国家，合同已经成为商法中最重要的研究对象。

我国是一个民商法合一的国家。因此，我国有关合同的相关规定均被编入《中华人民共和国民法典》（以下简称《民法典》）中。在我国《民法典》中，合同被定义为"民事主体之间设立、变更、终止民事法律关系的协议"。这个定义虽然来自我国的《民法典》，但各国有关合同的定义均与之类似。从这个定义中我们可以看到三个要点：

1. 合同是一种协议

所谓协议（agreement），从这个词的英文表述上可以明显看出，协议一定是来源于一种"同意"，即合同的内容是所有参与订立合同的当事人都同意的内容。根据法律规定，包括贸易合同（无论是国际还是国内）在内的部分合同，当事人之间的合同关系，自当事人之间对所商议的事情达成一致之时成立。这也是合同的"诺成合同"性质。

2. 合同由民事主体订立

民事主体是能够参与民事法律关系，享有民事权利和承担民事义务的自然人、法人以及相对独立的非法人组织。作为民事主体，必须具有民事权利能力和民事行为能力。这一要点说明合同并不是所有人都可以订立，也说明并不是所有人都可以参与国际贸易。

3. 合同用于设立、变更、终止民事法律关系

这一要点说明合同存在的意义。民事法律关系，是一种权利与义务关系，也就是说合同存在的目的是用于设立——从无到有地建立当事人之间的权利与义务关系；变更——改变当事人之间原有的权利与义务关系；终止——从有到无地消灭当事人之间的权利与义务关系。当我们将国际贸易视为合同的时候，也就说明国际贸易的双方当事人之间存在一种权利与义务关系。

（二）国际贸易的主合同

我们在第一篇中提到，根据经典经济学理论，国际贸易是一个双赢博弈，而非零和博弈，参与国际贸易的双方当事人都可以在交易中获益。但就具体的一项交易而言，虽说谈不上是零和博弈，但双方所面临的对立利益关系是明确存在的。正如我们在前面谈到的，面对同样的商品，出口方总是愿意抬高售价，而进口方则会拼命压低价格。即使谈判中妥协，也只是某一方当事人或双方当事人为了长远利益所做出的暂时妥协。因此，双方当事人都可能存在"损人利己"的行为动机。为了国际贸易的顺利进行，双方当事人一方面需要克制自己"损人利己"的冲动，另一方面也需要用一种方式来约束对方的行为，以此保护自己的合法利益。

为了达到上述目的，双方当事人需要达成一项协议。在协议中，出口方被规定应交付怎样的商品、如何交付这些商品、何时交付这些商品，以及如何移交其他有关物品；进口方则被规定应支付多少钱，以及以何种手段支付这些钱。注意，规定出口方具有何种交货义务，就赋予了进口方收到何种货物的权利；规定进口方如何支付金钱，就赋予了出口方收到金钱的权利。这

就是说，双方当事人所达成的这一项协议，实际上就是在双方当事人之间建立了一种权利与义务关系，这就符合了合同"设立民事法律关系"的定义。而这个协议就是国际贸易合同。

事实上，国际贸易合同不仅规定了双方当事人之间的权利与义务关系，还将对之后的一系列贸易操作产生影响。例如，合同中规定的金钱支付方式，就可以影响到之后进口方与银行之间的关系；合同中规定的货物运输保险，就决定了哪一方当事人需要去和保险公司订立保险合同；等等。简单来说，国际贸易合同是整个国际贸易交易的核心，一切的进出口实务操作，都是为了履行国际贸易合同。基于这种观点，我们通常将国际贸易合同称为"主合同"（main contract）。

（三）国际贸易附属合同

在法律上，或者说在法学研究中，通常会要求附属合同依附于主合同而存在。所以，我们时常会听到"当主合同失效的时候，附属合同也随之失效"的说法，但在国际贸易中提到附属合同时却不是如此。国际贸易所指称的附属合同，其实是"为了主合同履行而存在的合同"，即当双方当事人订立了国际贸易合同之后，为了国际贸易合同的顺利履行，双方当事人与其他第三方订立的合同。附属合同通常具有以下性质：

1. 目的是主合同的履行

这是附属合同定义中的重要内容。具体来看，在主合同中，双方当事人会对如何交付商品，以及如何转移金钱进行约定。然而，鉴于国际贸易跨关税区的性质，双方当事人通常不会直接见面，而是以第三方为媒介，间接完成商品的交付和金钱的转移。比如，为了商品转移而签订的运输合同，为了金钱支付而签订的支付合同；为了转嫁运输过程中商品的风险而签订的保险合同等。这些合同分别是双方当事人与物流公司、金融公司、保险公司订立的合同。

2. 具有独立性

这是在国际贸易中讨论附属合同时，与法学意义上的附属合同的最大区别。我们注意定义，附属合同是为主合同的履行而订立的合同。定义里只说了附属合同是为了主合同的履行而订立的，但并没有谈到其必须依附主合同而存在。我们可以举例来说明，双方当事人订立主合同以交易某种商品，同时为了完成商品的转移，出口方与物流公司订立了运输合同①。试想，如果双方当事人在之后的协商过程中，同意终止交易，以至于商品已经没有必要再运输至进口方，此时运输合同会随着主合同的改变而改变吗？恐怕不会。因为订立运输合同的当事人是出口方与物流公司，对于物流公司而言，它是主合同外的第三方，虽然自己提供的运输服务是服务于主合同的，但它没有理由受到主合同的约束。事实上，物流公司在与出口方订立运输合同的时候，它都没有必要去了解主合同的内容，只需要按照运输合同的规定，将商品安全、按时运输至指定地点即可。要让物流公司去接受主合同的约束，这对于本就不是主合同当事人的物流公司而言是不公平的。

（四）合同视角下的国际贸易

国际贸易的合同实际是由"一个主合同 + N 个附属合同"组成的合同合集。因此，我们可以把国际贸易的每一步业务操作理解为不同合同的订立与履行。从另一个角度看，如果我们能熟练掌握这些合同的订立与履行技巧，从事国际贸易就变成一件相对简单的事情②。

二、商务视角下的国际贸易

（一）国际商务

对"商务"一词，在不同的学术著作中有不同的见解。在一些学者所著

---

① 国际贸易中，并没有规定双方当事人中的哪一方去和物流公司订立运输合同。根据不同《国际贸易术语解释通则》条款的运用，双方当事人中的任何一方都有可能是具有订立运输合同义务的当事人。此处仅以出口方举例。

② 将国际贸易视为合同的合集，是本书作者从事国际贸易研究过程中所持有的重要观点。如此，读者可以参阅《合同视角看国际贸易》一书。

有关商务的书籍中，其英文名称被翻译为"business"。通读其内容可以发现，他们所指称的"商务"，更接近管理学理论与实务。例如，美国学者塔默·卡瓦斯基尔（S. Tamer Cavusgil）等所著 *International Business：The New Realities*，其书名在国内被译为《国际商务：新进展》。同样，国内一些大学在开设"国际商务"课程时，其教学内容也与之类似。但在除我国之外的亚洲国家，"商务"一词却又有另外的含义。韩国贸易学会所发行的 SSCI 级学术期刊 *Journal of Korea Trade*，在其论文手稿方向中将"商务"明示为"International Economics，International Management & Business，Trade Practice & International Commerce"，同时对应的韩文翻译为中文是"国际经济、国际经营、国际商务"。从这种论文主题分类中可以看出，在韩国贸易学会的编辑眼中，"商务"一词，其含义与贸易实务相近。

因此，在本书撰写过程中，作者曾就"商务"一词的定义请教过韩国贸易商务学会（Institute of International Commerce and Law）会长、韩国建国大学国际贸易专业主任朴洸绪教授。其认为，商务可以理解为合同视角下的国际贸易实务。传统国际贸易实务以进出口业务的操作流程为核心，这个过程更像一种职业技能。而在这种职业技能的背后，蕴含了主合同与附属合同的订立与履行技巧。对于这种技巧的掌握，更多需要具备一种法律思维（legal mind）。换句话说，法律思维是国际商务的背后逻辑。

对于"商务"的这两种见解无所谓对错，我们只需要根据自己研究的需要进行选择即可。就本书研究的内容来看，如果我们选择将商务理解为"business"，在探求商务背后的风险及其管理的时候，势必会同"管理风险"存在相互重叠的地方。因而，在本书中我们选择将商务理解为"commerce"，即国际贸易中的"主合同＋附属合同"的订立与履行。这样的定义更适合本书研究的主题。

（二）商务风险的来源

国际贸易中的商务风险从何而来？由于我们将商务理解为合同的订立与履行，那么商务风险自然就是来自国际贸易中主合同与附属合同的订立与履行。虽然国际贸易的一笔交易中涉及多个合同，但背后产生风险的原因大体类似，主要有以下三点。

1. 一方当事人的恶意行为

在国际贸易中，由于双方当事人之间存在相互对立的利益关系，在进行合同协商的时候，难免会试图在合同中加入对自己有利的条款，并利用这种条款让合同的履行朝着对自己有利的方向进行。其相对当事人如果不能识别这一意图，就会在合同履行过程中产生风险。

2. 惯例与法律背景带来的相互误解

跨关税区，这不仅是国际贸易定义中非常重要的一个元素，也是国际贸易较国内贸易最大的特点，更是风险的来源。由于双方当事人不属于同一关税区，他们各自在商业惯例、法律背景上都存在不同。同一语句表达，在不同关税区可能存在完全不同的含义，甚至关系到合法与否的问题。如果双方当事人只考虑自己关税区的惯例与法律，就可能与相对当事人产生纠纷。

阅读材料

一般来说，如果交易的标的物本身是违法的，那么交易本身是无效的。试想，如果 A、B 两国进行交易，标的物是大麻，那这种交易是有效的吗？这个问题如果发生在我国大陆关税区内，很明显交易是无效的，因为大麻在我国一直都被认为是毒品的一种，而毒品的交易是受到严格管制的。但如果交易发生在美国的部分州，情况就大不一样。美国部分州已经对大麻进行了"除罪化"的处理，成年人持有或在指定地点吸食大麻，并不会被认为是一种违法行为。那么，在这些州进行大麻交易，恐怕就不能简单认为是一种违法行为了。

难的是，如果交易发生在中美之间，一方国家是明令禁止大麻交易的，而另一方国家可能认为大麻只是类似烟草一样的商品。那交易还是有效的吗？这就涉及交易适用的法律问题。适用不同国家的不同法律，交易的有效性可能有完全不同的结果。（资料来源：周凌轲，《国际商品贸易合同法》，2019 年）

3. 外因带来的不可抗力

跨关税区除给双方当事人带来商业惯例、法律背景不同之外，还给国际贸易带来了很多难以预料的事情。比如长途运输过程中遭遇的恶劣天气、地区间不稳定因素导致的地区冲突等。这就会带来一个问题——双方当事人的交易无法顺利进行。这实际上是民商法领域非常重要的不可抗力问题。不可抗力问题在国内贸易中同样存在，但国际贸易的复杂性，让这一问题出现频率更高，同时不可抗力认定起来也更加复杂。

第二章　主合同风险及其管理

主合同作为整个国际贸易的中心，特别是商务的中心，其风险管理成为整个商务风险管理的核心。我们将从国际贸易合同的订立过程、订立内容的角度来讨论。

一、准据法

（一）准据法的重要性

我们反复强调，国际贸易的最大特征是跨关税区，跨关税区会给双方当事人带来商业惯例与法律背景的不同。在上一章我们曾提到过大麻交易的案例，由此可见法律背景对交易的影响是十分深远的，甚至关系到交易的有效性。

在一个法治的环境下，商业交易作为一种典型的民商法行为，自然需要适用相关法律。但问题在于，不同关税区法律之间存在很大的差异，如果交易适用了非自己关税区的法律，当事人可能出现严重的不适应问题。试想，一个刚年满18周岁的中国商人与一个刚年满18周岁的韩国商人进行个人贸易，会出现什么问题？我们在前文提到过，订立合同的当事人需要具有行为能力。根据《民法典》，18周岁为成年的标准，因而中国商人作为一个成年人，是完全有能力订立合同的。但不幸的是，根据《韩国民法典》，成年的标准是19周岁，也就是说按照韩国法律规定，这笔交易的合同是由两个未成年人订立的，合同的有效性将遭到质疑。其实，不仅是合同的有效性问题，在合同履行过程中，双方当事人之间的权利与义务划分，对于合同违约的认定，赔偿标准的计算，等等，都会因为法律的不同而不同。

如果交易是发生在同一关税区内，交易必然会按照该关税区内施行的民商法相关规定进行，但如果是国际贸易，交易适用哪一方法律规定的问题，可能会给双方当事人带来第一次冲突。对双方当事人而言，交易适用己方关税区的法律总是有利的。即使不考虑己方关税区法院、仲裁庭所具有的"本位主义"思想，相比相对当事人关税区的法律制度，企业应更熟悉己方关税区的法律制度。

可以预见，在主合同订立阶段，双方当事人必须就交易适用于哪一方法律达成协议。这种在涉外民事行为中，用于调节双方当事人法律关系的法律（或其他规定），则被称为"准据法"（governing law）。对于准据法的选择，我们已经说过双方当事人都愿意选择己方关税区的法律，而不愿意接受对方关税区的法律。如果双方当事人都坚持使用己方关税区的法律，就无法在准据法选择上达成一致，从而导致合同不能成立，影响交易的进行。

如表 2.1 所示，在国际贸易中选择不属于双方当事人任何一方的法律作为准据法是一个公平，且容易被双方当事人接受的做法。这也是当前国际贸易中最常见的做法。

表 2.1　　　　　　　　　　准据法选择与当事人态度

准据法	出口方态度	进口方态度
出口关税区法律	愿意	不愿意
进口关税区法律	不愿意	愿意
第三方关税区法律	可接受	可接受

（二）《联合国国际货物销售合同公约》

国际贸易中的准据法选择问题如果不能解决，将直接影响国际贸易的进行，进而影响世界经济的发展，甚至是国际社会秩序的稳定。这一问题很早就被国际社会认知。为解决此问题，国际上很早就展开了制定国际贸易中统一准据法的工作。

这一工作最早在 20 世纪初的德国展开，于 1980 年取得最终成果。1980 年在维也纳举行的外交官会议上，联合国国际贸易法委员会正式向世界公布了《联合国国际货物销售合同公约》（*the United Nations Convention on Contracts for the International Sale of Goods*，CISG）。时至今日，全世界共有超过 90 个国家加入这一公约①，包括我国在内的大部分亚洲国家、北美自由贸易区国家、欧盟大部分国家等，可以说 CISG 已经成为今天国际贸易最常被选用的准据法。

CISG 之所以能成为今天大多数国家在进行商品贸易时的选择，是因为其具有包容性。世界上的国家，其法律体系大致可以分为民法系、普通法系、伊斯兰法系、（苏联式）社会主义法系。不同法律体系下，对商业交易的规定有很大差异。而 CISG 在制定过程中，联合国国际贸易法委员会充分考虑了不同法系国家的实际需要，同时赋予了各个国家在缔结 CISG 时排除某一特定条款的自由。因此，各个国家在缔结 CISG 的时候，完全不需要担心 CISG 会干扰本国国内商业秩序。

但也正是因为 CISG 的包容性，在各个国家难以达成一致的内容上，CISG 选择了回避，即不做任何规定。由此也带来一个问题，CISG 中存在大量的法律漏洞，这些漏洞，也可能成为主合同商务风险爆发的点。在本书中，我们也将结合 CISG 上的这些漏洞来讨论主合同的商务风险及其管理问题。

二、主合同订立过程中的风险及其管理

根据当前各国民商法规则，合同的订立形式大致一样，均为"要约＋承

---

① 这里需要区分一个重要概念。一直以来，我们都将国际贸易定义为"关税区之间"的交易，而非国家之间，但在 CISG 的文件中，所谓缔约国是指主权国家，而非关税区。这主要是因为 CISG 的制定机构——联合国国际贸易法委员会是联合国机构，而联合国是一个由主权国家组成的国际组织。因此，任何非主权国家的独立关税区，如香港特别行政区、澳门特别行政区、台湾地区等，是不能独立缔结 CISG 的。

诺"的形式①。

（一）要约的概念以及可能存在的风险问题

所谓要约，根据 CISG 中的规定，我们可以将其定义为"一项针对特定相对当事人的，内容十分确定的，并且表明自己在得到承诺之后愿意受其约束的商业提议"。这个定义略显复杂，简单总结起来，主要有以下三点。

1. 针对特定当事人提出

这是要约的重要特征。传统意义上，一份要约一定存在明确的要约人（提出要约的当事人），以及可以被明确圈定的受要约人（接受要约的当事人）。需要特别注意的是，概念上构成要约价要求的明确的受要约人，只要求了受要约人可以被明确圈定，而没有限定人数。我们举一个极端的例子，如果要约中明确受要约人是"2000 年以后出生的，姓李的中国人"，虽然我们不能知道这个范围到底涉及多少人，但在公安部门的户籍系统中，是完全可以圈定所有的对象的。这种情况也是符合"特定当事人"的。

2. 内容十分准确

字面上看，这是一个很含糊的概念。CISG 上对何为"内容十分准确"做了说明，其要求"写明了货物并且明示或暗示地规定数量和价格或规定如何确定数量和价格"。CISG 的中文表述并不是特别明确，简单来说，所谓内容十分准确，就是要求要约中包含"商品的品质、数量、价格"三个基本条款。

3. 表明自己得到承诺之后愿意受其约束

用更为直白的话说，就是要约人在发出要约之后，不能随意更改已经生效的要约内容。如果在要约的有效期内，受要约人接受了要约的内容，那么要约人就应受到自己提出的要约内容的约束。

那么要约的发出与接受过程中，可能存在哪些风险？下面我们来讨论一

---

① 在不同的领域，"要约＋承诺"的中文翻译略有不同。在国际贸易实务领域，行业一线从业人员通常称为"发盘＋受盘"；在 CISG 的联合国官方中文版中称为"发价＋接受"。"要约＋承诺"是《民法典》中的称谓。无论在哪一个领域，其英文均为"offer＋acceptance"。

下。首先，要约针对特定当事人，在传统的国际贸易中并没有任何的问题。因为，大多数交易中，一方当事人不可能在不知道相对当事人是谁的情况下就发出要约。也正因如此，我们可能会养成一个思维定式，即如果要约没有针对特定当事人发出，其就不能产生法律效力。在过去的时代，如果不考虑商业道德或者企业商誉等无形资产的问题，企业对于没有针对特定当事人的要约（广告、传单、宣传海报等）其实在法律上并不用承担过多责任。但值得注意的是，随着互联网和物流系统的发展，我们的商业模式也发生了很大变化。跨境电商的出现，让国际贸易形态已经不再是之前单纯的 B2B 模式，直接对 C 端的交易数量日渐增多。2019 年，我国正式颁布《中华人民共和国电子商务法》，在电子商务领域，要约的概念恐怕就需要重新思考了。根据《中华人民共和国电子商务法》的规定，合同在消费者付款或下单时成立。换句话说，在电子商务环境下，企业通过平台上架商品的行为被视为一种要约。然而，企业在上架商品时，虽然其购买链接上会包含商品的一系列信息，但却没有针对任何特定当事人，这就与传统线下交易的要约定义不相符。

　　但电子商务中存在的一个难点，就是库存管理问题，实际库存与系统库存是否保持一致？库存中有没有坏损的商品，以及不适合销售的商品？这一系列问题都容易造成一个后果，即实际可发货库存与系统记录库存数据存在差异，从而导致消费者已经下单或已经付款生成订单而无法发货。在当前针对 C 端的电子商务交易中，销售方以库存不足为由取消消费者订单的情况时有发生，由于这种小额交易通常不会带来严重后果，大部分情况下消费者也默认了商家的这一行为。但如果在国际贸易环境下，订单是针对 B 端的，一旦交易的标的是购买方不可缺少的重要零部件，恐怕销售方就不能避免索赔了。

阅读材料

　　在日常生活中，我们使用外卖平台购买晚餐，在已经支付所有费用之后接到商家的电话，告知我们需要将订单中的某一食物换成其他替代品；又或是在网购平台上购买某种商品，在下单之后遭到退单，理由是库存不足或库存商品不满足发货要求等。在遇到这种情况的时候，恐怕大多数消费者选择的都是同意销售方的要求。这是因为这种日常生活中的小变化对我们并不会产生太大的影响，但这并不意味着销售方的做法是完全合法的。如果这种情况发生在大金额跨境电子商务交易中，无论是遭到购买方索赔，还是对于销售方商誉产生的负面影响，都是不能忽略的问题。

其次，要约要明示或暗示地规定数量和价格，或规定如何确定数量和价格。在这句话中，蕴含了一个不太符合我们日常理解的要求。即要约中必须包含数量和价格，但可以是暗示的，甚至仅仅是一个确定数量和价格的方法。例如，双方当事人约定交易一棵苹果树上的苹果，价格按苹果树收获时同类苹果的市价计算。对于这种约定，看似既没有说明苹果交易的数量，也没有定好价格。但这已经属于"明示或暗示地规定如何确定数量和价格"。因此，这已经满足了要约成立的条件。换句话说，如果双方当事人在协商过程中，以类似的方式谈论了要约的条件，便足以让要约生效，也足以让要约人为自己的言行负担相应的责任。

需要特别说明的是，这种看似模糊的数量和价格的确定方式，在国际大宗商品采购过程中具有重要的意义。对于价格起伏波动大的大宗商品，使用"期货价格 + α"的模糊定价方式，反而成为价格风险管理的重要手段[①]。因此，模糊的数量和价格确定方式，会成为双方当事人纠纷的爆发点，但如果能够善用，其也能成为一种积极的风险管理手段。

最后，要约要表明要约人愿意在得到受要约人的承诺时，愿意受要约约束。要约人要如何表明？这看似是一个较为困难的事情。在国际贸易实践中，通常表现为"要约人给要约提出一个有效期，在有效期内要约人不会对要约内容进行修改"。对于要约的这一性质，主要在于要约人需要注意做出要约的谨慎性，因为在国际贸易中要约一旦做出，除非要约失效，要约人都需要对

---

① 有关价格风险管理的问题，属于经济风险管理的范畴，在本篇中暂时不做详细讨论。

自己在要约中明示或暗示的内容负责。

除了要约定义上的三个问题，要约何时生效也是一个值得关注的话题。在 CISG 上，要约的生效采取了到达主义原则，即要约从要约人处发出，经过投递，在到达受要约人处之后开始产生法律效力①。这一原则带来两个问题：一是要约的撤回与撤销问题。所谓撤回，是指在要约生效之前，阻止其生效的行为。例如，要约人在发现自己所发出的要约存在瑕疵，可以在要约到达受要约人处之前或者同时宣布撤回要约的效力。但是要约人必须要有一个觉悟，理论上可以撤回，但在实践中并没有那么容易。如今的国际贸易大部分情况下通过即时通信软件等联系，也就是说要约一旦发出，立刻就会到达，由于要约生效于到达的一瞬间，我们可以理解为使用即时通信软件发出的要约，在发出之后就没有撤回的可能了。

那既然要约无法撤回，能否撤销呢？所谓撤销，是指要约在生效之后再取消其效力。如果允许撤销，要约人则可以在要约到达受要约人处之后再取消要约的效力。理论上来讲，这是可能的。CISG 上确实规定了要约撤销的方法。根据 CISG，只要受要约人还没有表示对要约的同意，或者同意的意思表示还没有返回要约人处，同时要约人没有明示或暗示要约是不可撤销的，或者受要约人认为要约是不可撤销的，并已经基于此认识有了实际行动，要约就能被撤销。从以上规定来看，要约基本上没有撤销的可能。因为，只要受要约人认为要约对自己有利可图，他完全可以声称自己主观认为要约不可撤销。因此，在国际贸易中，要约人要始终保持对要约不可撤销的警惕，并慎重发出要约。

另外，到达主义原则告诉我们，要约的生效与否，与要约人有没有看到要约没有关系。要约到达了受要约人处，这并不代表受要约人已经看过了要约的内容，但要约的内容已经具有了法律效力。

---

① 有关民商法上意思表示的生效问题，理论上存在 4 种学说，分别为：表白主义、发信主义、到达主义、了知主义。在这 4 种学说中，发信主义和到达主义被认为是较为合理的选择。《民法典》与 CISG 都选择了到达主义原则，而美国等其他一些国家选择了发信主义原则。

阅读材料

在我们的日常生活中，在使用即时通信软件发出信息之后，如果觉得自己所发出的信息不合适或有错误，系统往往允许我们在一定时间内撤回所发出的信息。如果我们这样做，对方会收到"××撤回了一条消息"的提示。但从专业的角度看，即时通信软件的信息发送与到达是在同一时间，也就是说在撤回信息之前，信息已经到达了对方。如果我们使用即时通信软件进行国际贸易，我们可以认为被"撤回"的信息，其实已经具有了法律效力，更严格来说，我们所谓的"撤回"一条消息，其实是"撤销"一条消息。

我们在要约中可能遇到的风险以及处理方式，如表2.2所示。

表2.2　　　　　要约中的风险及其应对措施

风险来源	风险产生原因	应对措施
电商要约	《中华人民共和国电子商务法》中要约的定义与传统要约定义的不一致	要约人严格库存管理，保持库存情况与系统信息的一致
价格、数量的确定	CISG 允许以模糊的方式确定数量和价格	①双方当事人持续关注价格、数量的确定过程 ②双方当事人需要关注要约的成立与否问题
要约的生效	不同国家对要约的生效时间具有不同的规定	①尽可能选择 CISG 作为交易的准据法 ②如果不能选择 CISG 作为准据法，必须了解所选择的准据法上有关要约生效时间的规定

（二）承诺

承诺被定义为"对要约所作出的无条件同意"，所以概念上认为，受要约人在收到要约之后，只能有两种选择：一是拒绝，二是同意。受要约人不存在对要约"部分同意"的情况。在以 CISG 作为准据法的交易中，承诺有以下两个要点值得注意：

1. 相对主义原则下的"无条件同意"

从字面上看，受要约人针对要约所做出的意思表示要被称为"承诺"，必须是一种无条件的同意。根据定义，如果受要约人做出的同意是有条件的，或者是对要约存在部分修改的，则应被认为是对要约的拒绝，要约会因此失效。这时，受要约人成为要约人，提出一份新要约。因此，有理论认为，承诺应是对要约的一种"镜像主义"下的无条件同意。然而，CISG 同时规定，如果受要约人对要约做出了有条件同意，但其修改的内容并没有改变原来要约的本质，在要约人没有明确反对的情况下，可以视为双方当事人在修改后的要约条件上达成了一致。

阅读材料

A 国企业向 B 国农场购买大米。A 国企业在要约中要求"大米使用全新木质外箱包装"。B 国农场在收到要约之后，认为要约所提的条件均可接受，但农场储备的全新木质外箱不足。于是 B 国农场向 A 国公司回信，表示要约中的条件除外包装条款外全部接受，可以改用坚固耐用的二手木箱进行包装。对此，A 国公司并没有表态。

在上述案例中，我们可以认为 B 国农场的回信构成了承诺。因为双方当事人交易的核心标的物是大米，而非木箱。并且 B 国农场已经明确表示了，所使用的二手木箱是坚固耐用的，足以达到保护运输过程中大米不受损坏的目的。这种修改没有改变要约本质，同时原要约人也没有提出明确反对，故而可以认为构成一种承诺。

值得注意的是，如果在之后的交易中，B 国农场又改用了全新木质外箱，这反倒是一种违约行为。因为合同是按照 B 国农场修改后的条件订立的，即 B 国农场回信之后，"坚固耐用的二手木箱"已经成为有效合同的包装条款。

虽然 CISG 规定了没有改变要约本质的有条件同意可以视为承诺，但要约人提出的要约本质究竟是什么？这很难定义。CISG 上明文规定，针对要约中"品质、数量、价格（包括付款方式）、保险、运输方式、纠纷解决等"的修改是一种本质修改，那我们是否可以说，除此之外的修改就是没有改变本质的修改呢？恐怕也不能这么简单论断。就拿上述案例中的木箱来说，如果 A 国公司购买大米是为了自己加工，由于在加工的时候木箱是没有用的，可以认为全新木箱和坚固耐用的二手木箱没有本质区别。但如果 A 国公司并非是一个食品加工企业，而是一个从事转口贸易的单纯贸易商的话，A 国公司的顾客是否在意全新木箱和二手木箱的差异就不得而知了。A 国公司顾客的态度，实际上决定了 A 国公司的态度。

同时需要注意一个问题，CISG 在原则上并不承认将一方当事人的沉默视为一种同意。因此，原要约的受要约人如果提出了所谓的不改变要约本质的有条件同意，同时要约人又没有对这种有条件同意做出任何回应，那么我们应视其合同成立，还是视其为新要约？这本身是一个难以判断的事情。如果受要约人认为合同已经成立了，而要约人却持反对意见，交易就会不可避免地产生纠纷。

2. 承诺可以以任何形式来表现

这关系到国际贸易合同中的另一个重要性质——不要式合同性质，即合同在形式上没有任何的要求，这一点在我国法律中也有类似规定。《民法典》中明确指出，民事法律行为可以是书面形式、口头形式或其他形式。这里的其他形式就包括了所有形式。作为合同订立的必要条件，承诺也具有同样的性质。当受要约人得到有效要约，他对要约内容又表示完全同意时，既可以以书面形式通知要约人，也可以使用即时通信工具通知要约人。同时，他也可以以行动来表示对要约的同意。例如，如果受要约人是出口方，他可以以直接发货来表示对要约的同意；如果受要约人是进口方，他则可以以直接付款，或者根据合同要求开立信用证来表示对要约的同意。

关于承诺的不要式合同性质，还需要注意两个要点：一是不是所有国家的法律都认可不要式合同性质。不要式合同性质是现今销售合同中的一个普遍性质，它使商业交易保持了一个快速和高效的状态。但仍有国家不承认此性质，最典型的就是俄罗斯。事实上，在1999年颁布《中华人民共和国合同法》之前，我国也明确要求合同应该是书面的。但今天，我国的法律已与国际主流接轨。

即使合同是不要式的，也需要注意商业礼仪。如果要约人以即时通信方式发出要约，受要约人以即时通信方式做出承诺，这是合理的。但如果要约人是以书面形式，做出了一份具有严格格式规范的要约，而受要约人却以口头等非正式手段来表示承诺，虽然这样做没有任何法律上的问题，但在礼仪上总让人觉得存在缺陷。如果完全不与对方进行交流，直接以发货或者打款的形式做出承诺，则显得太过失礼，这对维护双方当事人良好的合作关系没有任何好处。

二是承诺作为合同订立的最后一步，在撤销和撤回的问题上与要约存在明显不同。虽然我们在国际贸易实务中强调，要约的撤销是不恰当的，但至少法律上留下了要约撤销的条件。承诺则不同，如果受要约人采用发信件的形式做出承诺，那么承诺的撤回与要约的撤回一样，撤回要在承诺到达要约人处之前或同时。但如果以采取行动的方式做出承诺，行为做出的同时承诺已经生效，则不能再撤回。而在撤销的问题上，承诺则完全不可能。根据CISG的规定，合同于承诺生效时生效，那么要撤销承诺时，所需要撤销的对象就不仅仅是一个承诺的意思表示，而是一个已经生效的合同。合同的单方面撤销，在CISG上有着严格的规定，这是一件非常困难的事情①。承诺中的风险及其应对措施见表2.3。

---

① CISG仅允许在两种情况下单方面撤销合同。一是一方当事人的违约，构成了CISG第25条所指称的"根本违约"；二是一方当事人违约后，相对当事人给予了该当事人合同履行的宽限期，而该当事人在宽限期内仍然不履行合同，或者声称自己不会履行合同。其他情况下，合同均不能被单方面撤销。

表 2.3　　　　　　　　　　　承诺中的风险及其应对措施

风险来源	风险产生原因	应对措施
有条件的承诺	没有改变要约本质的有条件承诺可以构成承诺	①在要约中明确提出，"要约中任何条件的修改，都构成本质性修改" ②要约人以"要约邀请"的形式替代要约
以口头或行动表示同意	①部分国家不承认合同具有的不要式性质 ②合同履行阶段无证据 ③不符合商业礼仪的要求	①交易前确定相对当事人国家的法律 ②在要约中尽量明示使用电子邮件、合同书等可以反复查阅的方式订立合同

（三）合同效力

在上文中，我们已经提到过，由于不同关税区的法律不同，在一个关税区合法交易的标的物在另一个关税区可能是一个违法标的物；另外，不同关税区对于当事人是否具有民事法律能力的规定也不尽相同。因此，双方当事人已经达成一致的合同，是否就一定具有效力，这是一个需要另外讨论的问题。

针对标的物合法性问题，这里我们需要树立一个观念，即大多数物品都可以成为国际贸易的交易标的物。大多数关税区通行的物品分为自由交易物品、许可后交易物品、禁止交易物品三个种类。对于自由交易的物品，只需要双方当事人就交易的条件达成一致便可以直接交易；对于许可后交易的物品，虽然不可以直接进行交易，但在取得政府有关部门的审批许可之后，交易仍然是可以进行的；而禁止交易的物品，则是双方当事人交易的禁区。

虽然国际贸易中的一些物品属于禁止交易物品，但这种物品的种类极少，且其交易主要是一些触及人类道德底线的交易，如人口买卖。对于其他一些看似不可交易的物品，如毒品、军火等，其实都可以算作许可后交易物品。

因为一些毒品可以以医用物品或实验用品的形式进行交易，而军火是国防产业中的常见物品。

值得注意的是，不同关税区的法律对于同一物品的划分是不同的，其可能是自由交易物品或许可后交易物品，也可能是禁止交易物品。这就导致针对同一标的物的交易，其有效性是不可确定的。遗憾的是，CISG 上明文规定，CISG 只针对"合同的订立与合同的履行"，对"合同本身是否有效""合同中的特定条款是否有效"等问题不适用。简单来说，我们不能通过 CISG 来判断合同是否是有效的，而只能通过各国的国内法来确定。

对于上述问题，我们建议用以下方法处理：在交易之初，双方当事人都需要向本关税区的海关查询所交易物品的管制程度。特别是在 CISG 无法确定合同有效性的情况下，我们可以理解为所有贸易合同，哪怕是交易管制物品的无效合同，在不适用双方当事人国内法的时候，都可以在 CISG 上找到交易依据。因此，双方当事人都需要依据自己的国内法律去考察所需要交易的物品是否为管制物品，并搞清楚如果是管制物品，应如何办理进出口手续的问题。如果某一方当事人在合同订立之后，因为没有取得进出口许可而导致交易无法继续，这恐怕就要承担违约责任了。

三、主合同条款上的风险及其管理

要约的构成要件之一——内容准确，要求要约中存在关于品质、数量、价格的三个基本条款。但国际贸易毕竟不是面对面进行的简单交易，而是涉及诸多第三方利益。仅有三个条款的合同，显然不足以保障国际贸易的顺利进行。为保障国际贸易的顺利进行，一般情况下，合同中会包含"3 + 4 + X"的条款，即与所交易商品本身密切相关的 4 个条款、与合同履行相关的 3 个条款以及若干个其他条款。

由于商品是国际贸易所交换的核心标的物，因此与商品本身相关的 4 个条款一直以来是双方当事人合同协商的重点内容，这 4 个条款分别是品质条款、数量条款、价格条款、包装条款。

（一）品质条款

这是国际贸易的核心。一方面，品质条款关系到进口方的核心利益；另一方面，品质条款也关系到出口方所行使权利的来源[①]。那么品质条款中会蕴含哪些风险呢？主要有以下三点。

1. 样品存在不确定性

在工业产品交易中，样品是最常见的品质确定方法。通常由进口方给出一个样品，要求出口方生产的产品品质达到样品水平；或者由出口方给出一个样品，向进口方承诺自己所生产的产品品质能够达到样品水平。这里蕴含了两点风险。由于生产工艺的问题，要让每一个产品都一模一样是绝对做不到的。也就是说，在交易过程中，出口方最终交付的产品和样品之间肯定是存在差距的。也许有人会说，只要保证生产的正式产品质量优于样品就可以避免纠纷，但这在实践中并非易事。这里会牵扯到第二个风险点，即在出口方提供样品的时候，如果提供了自己最高工艺的样品，在实际生产过程中，要保持这种高工艺并非易事。而且，保持高工艺生产，其带来的结果是高生产成本。实际上，双方当事人都不会期待无条件的高品质，适当的品质对双方当事人都是更好的选择。所以，理性的当事人都不应该在合同中要求"product should be equal to the sample"（产品与样品一致）或者"product should be superior to the sample"（产品质量应优于样品），将品质描述为"大致与样品一致"是更为合理的处理方法。

2. 品质的决定时间

国际贸易与面对面交易最大的不同在于其存在一个运输过程，这个过程可能超过一个月。例如，从远东地区发往欧洲的商品，如果全程水运需要5周以上的时间，即使采取多式联运，走北美大陆桥，也要3周以上的时间。

[①]　国际贸易合同是一种双务合同，也是一种有偿合同。在交易中双方当事人都具有义务。同时，一方所具有的权利也对应了相对当事人的权利，且已方履行义务是可以行使权利的必要条件。CISG明文规定，一方当事人在相对当事人不履行义务，甚至是有足够证据证明相对当事人将不会履行义务时，自己也可以暂停履行义务。

因此，我们没有办法保证商品出发时的品质和到达时的品质一致。即使不存在保质期的机械产品，长途运输也必定带来一定损害风险。试想，如果商品出发时经过严格检验，品质完全符合标准，但运输过程中遭到了损坏，进口方不能收到合格商品。可能有人会说，既然是运输，双方当事人都没有责任，应让承运人负责。问题就在于，在出口方立场上，自己已经交付了合格商品，进口商应先付款，然后由进口商去向承运人追偿；但在进口方立场上，自己确实没有收到合格商品，他更希望出口商重新给自己发货，然后由出口方去向承运人追偿。

为了避免品质的决定时间带来纠纷，双方当事人应该在合同中约定一个地点，并将这个地点确定为"风险转移点"（risk transfer point）。同时约定，商品的品质在风险转移点进行检测，如果在检测中商品已经发生损坏或者质量不符合合同要求，那么出口方需要对此事件负责；反之，商品在风险转移点时的质量符合合同要求，那么之后的责任就由进口方负责。简而言之，只要在合同中明确风险转移点，品质决定时间的问题就可以得到有效解决。

3. 强制检测标准

为了保护消费者的合法权益，很多国家对一些可能造成人身伤害的产品有强制检测标准。这类商品合法上市之前，必须取得一定的检测证书，以证明商品品质达到了国家的强制要求水平。但有意思的是，各国政府大多制定了适用本国销售商品的质量标准，同时还存在相互不承认其他国家标准的情况。比如，某商品通过了 A 国的强制检测标准，但没有在 B 国接受检查，那么该商品在 B 国就会被认定为"不合格"商品。注意，这只是因为该商品在 B 国没有经过检测，并不代表不符合 B 国的标准。即使 A 国的标准要严于 B 国，也就是说已经通过了 A 国检测的商品，肯定能通过 B 国的检测，但 B 国仍不会承认商品是合法的。

在进行这类商品交易时，进口方当事人需要了解所交易的商品在进口关税区是否存在强制检测要求，如果存在这种要求，在进行交易谈判的时候，进口方当事人务必要提出有关商品需要符合进口关税区相关法律法规的品质条件要求，如果无此要求，根据 CISG 的品质规定，进口方当事人收到的货物能否在己方关税区进行合法销售就存在疑问了。

详细来讲，CISG 对品质的规定一共包含了三个层次的要求：一是满足合同中明示或暗示的品质要求；二是如果合同中没有明示和暗示的品质要求，那么商品的品质需要满足其通常的使用目的要求；三是如果双方当事人明示或暗示地表示了商品需要满足某种特殊使用目的，那么商品的品质需要满足这种特殊目的的使用要求。因此，如果双方当事人没有在合同协商时就商品的品质做出规定，那么商品肯定能符合其一般的使用目的，如饮用水能喝、面包能吃等，也可能会符合某种特殊的使用目的，如饮用水的纯度能满足某种化学实验的要求，鸡蛋需要达到生吃的无菌标准等。需要注意的是，以上的要求中并没有说明商品一定要符合进口关税区的相关强制检测标准。同时，出口方可能真的没有能力去了解进口关税区的相关法律法规，而且出口方也不具有相关的义务去了解。因此，在商品涉及强制检测标准的情况下，双方当事人，尤其是进口方，应在合同中以明示条款的形式，对品质做出规定，以便商品到达进口关税区之后能顺利取得相关认证，便于进一步的销售或生产加工。

（二）数量条款

在合同中，数量条款是一个广义的概念，它不仅仅是指个数，还包括了长度、重量、面积、体积等。相对前面我们谈到的品质条款，产生风险的可能性较低。在国际贸易实务中主要需要留意以下问题。

1. 表示个数的英文表述

为了交易的准确性，同时为了增加合同被非法篡改的难度，在合同中表示数量时，使用英文大写或阿拉伯数字与英文大写并用是较为合理的做法。但在英文环境下，存在一些中国人不太熟悉的表述，如打（dozen）＝12 个、罗（gross）＝12 打、大罗（great gross）＝12 罗、小罗（small gross）＝10 打等，可能除"打"外，其他的表述在我国语言环境下都不会使用，这也带来了潜在风险。因此，我们强烈建议双方当事人在合同订立时，涉及个数问题的时候，在使用"罗"等不常见单位时，同时标记个数，以此避免纠纷，如

"Quantity Clause：500dozen（Six Thousand Pieces）"。

2. 数量或重量的时间节点

这也是国际贸易长距离运输而导致的问题。对于一些性质特殊的商品，双方当事人没有办法保证其在运输开始前和商品到达时完全一致。举例说明，一些具有挥发性的液体，甚至是一些含水量较高的固体商品，长时间的海上运输会导致液体挥发或水分流失，可能造成重量上的变化，这往往也会造成纠纷。

阅读材料

2010 年 4 月，中国商人安某在韩国群山附近海域收购大量优质海白菜，企图将其运至中国销售。海白菜包装完之后，从韩国仁川港以集装箱的形式运至中国天津港。集装箱到达天津港时，恰逢五一国际劳动节，导致通关时间延长。在天津港堆场上，由于长时间暴晒，海白菜脱水减重，待到交货时其重量与合同约定重量严重不符。发生此类问题，应由谁来负责？

双方当事人需要在合同中明确商品数量或重量的确定时间节点。如果这个节点发生在运输之前，那么进口方需要就包装进行严格要求，以此保障自己在收到商品时在数量或重量上不会有变动；相反，如果这个节点发生在运输之后，那出口方就需要对商品在运输过程中可能存在的风险做出相应的预防措施。

3. 溢短装带来的问题

在大多数情况下，商品的数量都是可以严格计算的，但在大宗商品交易中，由于货物的散装性质，数量的计算可能无法做到100%准确。例如，双方当事人交易100吨的谷物，由于计量工具存在的误差，双方当事人可能永远不能称量出准确的100吨谷物。而交付符合合同数量条款的商品是出口方的义务，这就意味着，如果商品属于不能准确称量的散装货物，那么出口方违约就成为一件100%会发生的事情。这一问题必须引起出口方的重视，在面对这类商品的交易时，出口方需要在合同中加入"溢短装条款"（More or Less

Clause），规定商品的重量在一定区间均属于符合合同要求，如"Quantity Clause：100M/T（more or less ±5%）"，如此一来，在称重时商品的重量在 95M/T 到 105M/T 之间都可以被认为符合合同要求。

4. 单位问题

我们都知道秦始皇统一度量衡的意义，实际上单位的问题在今天的国际贸易上并不罕见。今天的中国，在大多数时候都使用了国际公制单位，如 1 米等于 100 厘米、1 吨等于 1000 千克等，但并非所有国家都在使用公制单位。如果交易的相对当事人来自一个没有使用公制单位的国家，双方对于数量的协商可能就成为"鸡同鸭讲"。例如，1 吨等于 1000 千克在我国几乎成为一个常识，但在有一些国家，他们的语言环境下 1 吨是指 1016 千克，我们将此时的"吨"称之为"长吨"（long ton）；而在另一些国家，他们的语言环境下 1 吨是指 907 千克，我们将此时的"吨"称之为"短吨"。一个来自使用短吨国家的商人和一个来自使用长吨国家的商人进行交易时，他们所说的"吨"之间存在高达约 10% 的差异，这也是交易中矛盾的爆发点。针对这个问题，我们建议在合同中，无论使用哪一个国家惯用的单位，都将其对应的国际公制单位一并计入，如此可以让来自任何关税区的当事人都能接受，并且不会产生误会。

（三）价格条款

在价格条款中，存在以下问题可能会导致纠纷，需要双方当事人注意。

1. 货币单位问题

由于各关税区的法定货币并不相同，在汇率的影响下，同样的数字，不同货币单位所代表的价值可以说是天差地别。例如，1000 日元的价值远不及 1000 元人民币，但 1000 元人民币的价值远不及 1000 美元。在国际贸易环境下，英文是大多数情况下商业谈判时使用的语言，美元是当前国际贸易中最常使用的商品价格标识货币。需要注意的是，我们在英语口语中习惯用"dollar"来代指美元，甚至在非正式的中文对话中，我们也会使用"刀"的发言来代指美元，但这种表达在国际贸易中是不够严谨的。例如，中国香港是国际金融中心，港元实施了美元汇兑本位的汇率制度，这让港元也成为国际贸易的结算货币之一。港元的英文也称为"dollar"，但我们都知道，1 美元与 1 港元在实际价值上具有相当大的差异，如果卖方当事人报价 1 美元，而买方当事人则理解为 1 港元，虽然这种例子比较极端，但我们也不得不预防这种问题的发生。因此，在合同协商以及书面合同撰写的时候，确定货币单位是避免该问题发生的解决办法，即使用国际标准化组织 ISO 4217：2008 准则中的货币代码来准确表示货币（见表2.4）。

表 2.4   国际贸易中常见结算货币

货币中文名称	货币英文全称	ISO 4217	货币使用地区
美元	US Dollar	USD	美国
英镑	Great British Pound	GBP	英国
人民币	Chinese Yuan	CNY	中国（大陆）
欧元	Euro	EUR	欧元区
日元	Japanese Yen	JPY	日本
瑞士法郎	Swiss Franc	CHF	瑞士/列支敦士登公司
港元	Hong Kong Dollar	HKD	中国香港
新台币	Taiwan Dollar	TWD	中国台湾
卢布	Russian Ruble	RUB	俄罗斯
韩元	Korean Won	KRW	韩国

2. 价格构成问题

日常生活中，我们可能已经形成了一个思维定式，网络购物平台所公布的价格是"商品本身的价格 + 包装费用"，在江浙沪一带，甚至会默认价格是包括运费的，即我们可以用平台公布的价格将商品购买到手。有趣的是，在我们选择外卖时，外卖平台上公布的价格就只是"商品本身的价格"，我们要将商品买到手时，所支付的真实价格还要加上包装费与运费。这两个例子让我们看到一个真实存在的交易风险，即买卖双方在协商价格的时候，那个"价格"究竟包括了些什么？假设有一笔中美之间的交易，买卖双方在协商价格时，所商定的价格究竟是从中国出发的价格，还是到达美国的价格？这两个价格之间存在"运费 + 海关关税 + 运输保险"的差异。试想一下，如果买卖双方确定一个价格，对于这个价格，卖方认为是不包含运费等其他费用，而买方认为这个价格包含了运费等其他费用，那么买卖双方在合同履行阶段就会产生严重的分歧。因此，在交易过程中，对于商品的价格，买卖双方必须在合同中明确价格所包含的内容。对于这个问题，可以通过贸易术语来确定（见表 2.5）。例如，在中美贸易中，假设中国为出口国，价格标识为"Price：USD 30/pc，FOB Shanghai Port，*Incoterms*® 2020"，意为：商品价格为30 美元 1 个，该价格包括了商品从卖方工厂运到上海港口并完成装船的费用。在这种表述下，买方可以清楚地认知到，除这 30 美元之外，他获得商品还需要额外支付运费、保险费、进口关税等。简单来讲，精确表述价格，可以让卖方精确计算自己的收益，同时让买方精确核算成本。

表 2.5　　贸易术语下的价格组成（*Incoterms*® 2020）

贸易术语	价格组成
EXW	商品本身
FCA	EXW + 出口报关 + 卖方工厂到指定承运人地点运费
CPT	FCA + 指定承运人到进口关税区指定地点运费
CIP	CPT + 运输过程中保费（ICC A 标准）
DAP	等同于 CPT（DAP 对保险无要求）
DAT	DAP + 到达目的地之后的卸货费
DDP	DAP + 进口关税
FAS	商品本身 + 出口报关 + 卖方工厂到待装船码头运费
FOB	FAS + 装船费
CFR	FOB + 货物到目的港海运运费
CIF	CFR + 海运过程中的保费

四、主合同履行过程中的风险问题

买卖双方对主合同条款进行了细致的协商，并且达成了彼此完全没有争议的合同条款，这是否意味着合同一定会顺利履行下去？事实并非如此，我们抛开任意一方当事人过失引起合同纠纷不谈，即便买卖双方都以最大的善意来履行合同，仍然有可能受一些不可控因素影响导致合同无法履行。

（一）情势变更

试想一下，贸易商 A 向制造商 B 购买某件商品，作为贸易商，A 购买物品的目的是转售给其他商人。那么，对于 A 而言，商品的进价与售价就是关系到 A 生存的重要因素。我们假设 A 与 B 订立合同时确定的价格为 USD 100/pc，A 预想的销售价格至少可以达到 USD 130/pc。但在合同履行之前，市场发生突发事件，导致商品价格暴跌到 USD 100/pc 以下。这一事件对于 A 而言是致命的，如果他按合同履行自己的付款义务，他将不可避免遭受损失。那么，他是否可以不履行合同？有观点认为，价格暴跌是一种市场现象，作为商人，无论是 A 还是 B，都应面对市场价格的波动。市场价格波动对 A、B 带来的影响是一种零和博弈。换句话来说，每一次市场价格波动都会给 A、B 中的其中一位当事人带来损失，而给相对当事人带来等价的收益。如果我们允许任何一方当事人以市场价格波动来拒绝履行合同，合同将永远不能得到履行。那事实是否真的如此？这就牵扯到民商法领域中的一个重要概念——情势变更。

《民法典》中明文规定："合同成立后，合同的基础条件发生了当事人在订立合同时无法预见的、不属于商业风险的重大变化，继续履行合同对于当事人一方明显不公平的，受不利影响的当事人可以与对方重新协商；在合理期限内协商不成的，当事人可以请求人民法院或者仲裁机构变更或者解除合同。"用更加简明的语言来说，即合同订立基于某种基础，如果在合同履行过程中发生了不可预见的重大变化，导致这种基础发生了动摇，合同是可以进行再协商或者经由法院、仲裁机构解除的。因此，对于一份已经订立的合同，我们也无法保证其一定可以履行下去。

当然，以情势变更为由修改合同或者解除合同，必然会给相对当事人带来影响。同时，滥用情势变更的概念，也会给商业秩序带来不利影响。因此，要适用情势变更，法学界通常要求具备几个条件。

①情势变更需要在合同订立之后，即承诺生效之后到合同履行结束前提出。如果说一方当事人在履行完合同以后才发现自己遭受了重大损失并提出情势变更以减少损失，这是不可能做到的。

②情势变更需要满足"不可预见"的前提条件。作为商人，其本身就是追求风险以及风险的回报的角色，其身份就决定了其应承担一定的风险。如果在交易过程中发生一项重大变化导致交易的基础丧失，但这种重大变化是商人可以预见的，我们可以将商人订立合同的行为，视为默许了重大变化的发生。那么，当重大变化发生的时候，就不适用情势变更了。需要注意的是，这里的"预见"，指的是当事人"理应预见"，只要这种重大变化被认定为"理应预见"，就不适用情势变更。

③重大变化不能属于商业风险。商人承担商业风险是其职业属性决定的，如果某种商业风险导致了重大变化的发生，这显然不能成为商人要求适用情势变更的理由。但哪种风险可以归为商业风险？这其实也是一个需要讨论的问题。例如，之前例子里谈到的价格变化，在大多数情况下我们都认为价格波动是一种商业风险，但如果造成价格波动的原因是一些不常见的事由，且价格波动幅度超过了正常商业风险的范围，就可以适用情势变更。

④重大变化导致合同履行出现了明显的不公平现象。要适用情势变更，重大变化发生之后，一定是改变了原来合同订立的基础。何为"基础"，简单来讲就是改变了合同的公平性。作为民商法的基本理论，合同本身是符合诚实信用以及公平合理原则的。如果发生一种变化让这种公平消失，事实上合同也就失去了其存在的基础。

在交易过程中，时常会出现某种重大变化导致交易无法顺利进行，这种事情对买卖双方来讲都是一种风险，也是买卖双方都不愿意看到的。因此，买卖双方都需要做好以下几种应对措施。

主张适用情势变更的一方当事人，需要做好以下两点。一是保持良好的沟通态度。必须要明白，一旦主张适用情势变更，就意味着要损害相对当事人的利益，即使这种损害并不是当事人的本意。因此，当事人应持有一种良好的态度，请求相对当事人对自己的困难处境予以理解，以强硬态度主张情势变更的适用，在任何情况下都是不可取的行为。二是注意证据的收集。根据情势变更的相关法律规定，当事人可以要求法院或仲裁机构变更或解除合同。也就是说，如果遇到相对当事人不能给予理解的情况，当事人仍然可以通过具有强制力的第三方来维护自己的利益。但需要注意，一来情势变更概念的存在是为了维护交易的公平，而不是当事人逃避责任的工具；二来根据"谁主张，谁举证"的原则，当事人必须就自己遭遇的情况属于情势变更提出过硬的证据。

主张适用情势变更的相对当事人，需要做好以下两点。一是保持良好的沟通态度。即使自己是适用情势变更的受损害方，也应保持良好的沟通态度。因为一个重大变化是否能适用情势变更，自己是否同意并不起关键作用，最终的结果是由法院或仲裁机构来裁决的。因此，保持良好的沟通态度，对维护之后的交易关系非常重要。二是设置交易条件的底线。如果适用情势变更不可避免，那么在再协商过程中获得有利条件就十分重要。对于适用情势变更之后的再协商，当事人的利益受损已经是不可避免的事情，这时就应设下交易条件的底线，如果修改后的条件突破了自己的底线，与其去接受一个无利可图的交易，解除合同也不失为一个合理的选择。

（二）不可抗力

除了情势变更，还有一种情况会导致合同不能顺利履行，那就是不可抗力。事实上，不可抗力是一个来自罗马法的古老概念，以至于在近年来的学术研究中，不可抗力都不是法学界的一个重要研究方向。但 2019 年年底的新冠疫情让不可抗力重新回到学术界的视野中，并成为法学、国际贸易学等多学科领域的研究方向。

所谓不可抗力，是指买卖双方当事人在履行合同的过程中，一方当事人遭到了某种障碍，这种障碍阻碍了当事人履行合同，并造成当事人违约的情况。根据法律规定，如果这种障碍构成不可抗力的话，违约的一方当事人是不必对自己的违约承担赔偿责任的。因此，不可抗力的关键就在认定标准上。

让我们以 CISG 的规定来说明，根据 CISG 第 79 条的规定："当事人对不履行义务（即违约），不负责任，如果他能证明此种不履行义务，是由于某种非他所能控制的障碍，而且对于这种障碍，没有理由预期他在订立合同时能考虑到或能避免或克服它或它的后果。"CISG 的中文版原文对不可抗力的解释略显拗口，主要包含以下三点。

第一，当事人对违约不负责任。通过这句话我们可以了解到，不可抗力的适用应在一方当事人违约之后，其适用的目的在于免除当事人的违约责任。

第二，障碍在订立合同时没有理由预期其发生。即阻碍当事人履行合同的障碍，在发生之前，以当事人的能力是不能预见其发生的。

第三，障碍发生之后没有理由可以避免或克服其后果。即阻碍当事人履行合同的障碍，在发生之后，当事人既没有能力去回避，也没有办法克服其带来的影响。

因此，所谓不可抗力是一种当事人在事前无法预见，在事后也无法回避、无法克服的一种履约障碍。由于障碍的存在，当事人会出现违约，但其不必对这种违约承担赔偿责任。

我们之所以说不可抗力是一种风险，是因为违约的一方当事人可以通过不可抗力来规避自己的违约责任，无论不可抗力最终认定与否，违约都是客观存在的，给相对当事人带来的损失也已经是既定事实。因此，在不可抗力认定的过程中，买卖双方实际上处于一种对抗的关系。另外，不可抗力的认定很难做到客观，这进一步加剧了买卖双方的对抗关系。

我们说不可抗力要求障碍是事前无法预见的，事后无法回避或克服的。那么，何为无法预见、无法回避、无法克服？这实际上与当事人对于障碍发生的预见能力，以及障碍发生之后的回避能力与克服能力相关。试想，任意当事人在应对障碍上具有的能力，相对当事人从何得知？这是一个典型的信息不对称问题。在这种情况下，买卖双方无一例外会根据自己的利益需求来做出主张，即违约一方当事人将不遗余力地宣称自己对障碍无法预见、无法回避、无法克服；相对当事人则会主张障碍没有到达无法预见、无法回避、无法克服的程度。究竟事实如何，恐怕只有当事人自己才知道。

上述情况在 2020 年的新冠疫情中表现得十分突出。尤其是疫情早期，中国采取停工停产措施时，国外对疫情放任不管，我国东部地区中小型出口企业受停工停产影响而无法按时交货，并没有得到外商的理解。

那么，该如何处理这类问题才能在交易中避免纠纷的发生？较为简单的方法是买卖双方当事人在合同订立时就加入不可抗力条款，并在条款中以"正面清单"的形式，即在合同协商过程中就提前预想可能出现的不可抗力情况，并将其明确列入合同之中，一旦发生相关问题，即可认定为不可抗力。但这样处理同样存在问题，即合同中的不可抗力很难列举完整，一旦出现清单之外，但又确属无法预见、无法回避、无法克服的事件，同样会引起买卖双方的纠纷。因此，除买卖双方保持诚实信用，以互惠互利的态度进行友好协商外，恐怕也没有更好的处理方法了。

阅读材料

不同准据法下的不可抗力

我们定义了不可抗力，是一个不可预见、不可回避、不可克服的履约障碍。如果一个障碍它不可预见，却能克服，或者说虽然发生之后不可回避也不可克服但却能事前预见，那么对于这种障碍是否能认定为不可抗力？这个问题在不同的准据法下给出的答案是不同的。

阅读 CISG 的原文我们可以发现，其英文版的描述用的是"or"这个连接词，而中文版的描述用的也是"或""或者"，因此我们可以认为对于障碍的不可预见、不可回避、不可克服只需要满足其一即可。但这种认定规则略显不合理，如果一个当事人能预见障碍可能发生，但其为了追求交易背后的商业利益，他完全会无视这种障碍发生的可能性，因为即便障碍发生，自己也不必对违约承担责任。这显然不符合商业上诚实信用的基本原则。

所幸并非所有的法律都这样规定，《民法典》中对于不可抗力的认定标准就要严于 CISG，对于不可抗力的不可预见、不可回避、不可克服三个要素，采取了"和"的描述方法，即要同时满足这三个要素的障碍才能被认定为不可抗力。

　　暂且不论采取哪种描述更为合理，我们至少要明白，对于不可抗力的认定，不同法律的规定的不同。因此，在进行国际贸易时，通过选择不同的准据法，就可以让同一个障碍被认定为或不被认定为不可抗力。

（三）商业惯例

　　CISG 中承认了商业惯例的法律效力，同时认为这些商业惯例是买卖双方当事人"知道或理应知道"的。但需要注意到，不同地区的商业惯例存在很大差异，而那些所谓"理应被知道"的商业惯例，其实并不是所有商人都知道。一旦有当事人对这些惯例不了解，或者买卖双方对同一个商业惯例存在不同的理解，就会造成纠纷。在国际贸易中，最广为人知的商业惯例无非就是贸易术语，或被称为《国际贸易术语解释通则》（*Incoterms*，以下简称《通则》），但同样的贸易术语会因为版本的不同而存在不同解释。这往往成为纠纷的来源。

　　我们举一个简单例子，在选用 FOB 作为贸易术语的交易中，货物在出口港口装船过程中发生了坠落，导致货物严重受损，能否免除买方的付款责任？这个问题可能会因《通则》版本的不同而有不同的答案。

　　在 2020 年以前的版本中，FOB 给出的定义是"货物越过船舷"（pass the ship's rail）被视为卖方完成交货义务。那么，如果交易采用的商业惯例为 2020 年以前版本的 FOB，能否免除买方付款责任，那就要看货物的坠落是发生在货物越过船舷之前还是之后了。如果货物被龙门吊吊起之后，还没有越过船舷就发生了坠落，由于卖方还没有完成交货义务，买方则可免除付款义务。相反，如果坠落发生在货物越过船舷之后，则可视为卖方已经完成了交货义务，买方需要继续履行付款义务。

　　但同样的坠落事件发生在使用 2020 年版《通则》的交易中，情况则会大不一样。根据 2020 年版本有关 FOB 的规定，卖方完成交货义务是指货物完成装船之后。因此，如果在货物装船过程中发生坠落事故，无论货物是否已经越过了船舷，都算卖方没有完成交货义务，买方则可免除付款义务。

可以看出，在不同版本的《通则》中，同一术语存在完全不同的义务划分，针对交易中出现的问题，如果买卖双方对商业惯例存在不同的理解，则会造成严重的分歧。

在当前的国际贸易中，虽然存在不同的商业惯例，但总体来讲商业惯例仍然呈现一种统一化趋势，要避免交易中出现纠纷，在合同中明确惯例的使用是最好的办法（见表2.6）。

表2.6　　　　　　　　　常见商业惯例及其合同标注方法

惯例名称	合同标注方法（英文）
Incoterms® 2020	the trade terms under this contract shall be governed and interpreted by *Incoterms®* 2020.
Incoterms® 2010	the trade terms under this contract shall be governed and interpreted by *Incoterms®* 2010.
Incoterms® 2000	the trade terms under this contract shall be governed and interpreted by *Incoterms®* 2000.
《1990年美国对外贸易定义修订本》	the trade terms under this contract shall be governed and interpreted by Revised American Foreign Trade Definition 1990.

需要注意的是，在当前的国际贸易环境中，《通则》是接受度最高的惯例。但需要注意的是，《通则》是一个动态变化的东西，商业惯例的变化带来了《通则》的变化。2020年版是最新版，但这并不意味着其是接受度最高的商业惯例。就现状来看，2010年版和2000年版在国际贸易中要更受欢迎。

除《通则》之外，《1990年美国对外贸易定义修订本》（*Revised American Foreign Trade Definition 1990*）也是常见的商业惯例。虽然其使用的频度没有《通则》高，但也并不是完全没有使用。

最重要的一点是，在众多的国际贸易实务类书籍中，都存在将《通则》中的部分术语作为"常用术语"加以介绍，同时指出其他术语属于"非常用术语"的现象，这导致读者认为那些"非常用术语"并不重要，这是一个极大的误区。国际贸易是买卖双方通过协商进行的经济活动，不同关税区的商人在商业惯例上有很大的不同。我们没有能力保证我们一直都会是交易中的强势方，也没有能力保证相对当事人习惯使用的商业惯例恰好就是我们常用的。如果在交易中相对当事人处于强势，同时他所习惯使用的商业惯例恰好又是我们不熟悉的，那我们应去熟悉其使用的商业惯例还是放弃交易机会？答案是显而易见的。因此，作为商人，尽可能去熟悉所有的商业惯例，是非常重要的事情。

（四）违约救济

如果相对当事人在交易过程中存在过失，为了维护合法权益，我们必须要求救济。对于合同违约时的救济方式，主要有以下几类。

1. 强制履行权

一方当事人违约时，相对当事人有权利命令其履行义务。这种命令下达的权利即强制履行权。也许会有人问，既然一方当事人已经违约，相对当事人的命令有何意义？事实上，即便命令下达之后无法令违约的当事人履行义务，这种命令的下达也不是无意义。因为，行使强制履行权的意义在于表明自己没有放弃权利的追求①。

2. 延期履行指定权

在有些时候，即使相对当事人已经违约，但当事人判断，与其直接追究相对当事人的责任，不如等待相对当事人继续履行义务，他可以指定一段额外的时间，让相对当事人继续履行义务。行使延期履行指定权的时候需要注意两个要点：一是延期履行指定权并非必须行使。如果当事人判断等待相对当事人履行义务已经没有意义，是可以放弃行使延期履行指定权的。二是如果选择行使延期履行指定权，那么在指定的时间内，当事人不能再行使除损害赔偿请求权外的其他救济权利了。

---

① 根据 CISG 的要求，如果一方当事人在理应发现自己的权益受到侵害后的两年内没有提出救济，则会丧失提出救济的权利。

3. 替代品请求权

这是一个仅可被买方行使的救济权利。当卖方所交付的货物不符合合同要求时，买方可以要求卖方交付符合合同要求的货物，以替代原来不符合合同要求的货物。但需要注意的是，买方行使替代品请求权时，需要将原来不合要求的货物返还卖方，如果已经使用了货物，导致货物无法原状态返还，则不能行使替代品请求权。这个规定给买方了一个重大的实务启示，即对于不符合合同要求的货物，也需要对货物进行保全，否则会丧失自己请求救济的权利。

4. 合同解除权

这是交易中买卖双方可以行使的最高级别的救济权利。这里的合同解除，并不是指买卖双方经过协商一致的解除，而是一方当事人单方面提出的合同解除。根据 CISG 的立法逻辑，合同一旦订立，应尽可能予以履行，因此行使合同解除权需要有苛刻的前置条件：一是相对当事人的违约达到了"根本违约"① 的严重程度；二是自己在行使了延期履行指定权之后，相对当事人仍然不履行合同，或宣称自己将不履行合同。另外，合同一旦解除，买卖双方当事人还需要回到合同订立之前的状态，即买方归还已经收到的货物，以及通过货物得到的收益；卖方返还已经收到的货款，以及货款所产生的利息。如果双方做不到回到合同订立之前的状态，要想行使合同解除权是存在困难的。例如，买方收到了完全不符合合同要求的货物，但由于自己的过失，丢失了部分货物，那么买方将不能再返还货物，同时也不能行使合同解除权。

5. 损害赔偿请求权

这是一个可以和其他救济权利同时行使的权利。一方当事人违约，无论相对当事人采取了何种救济手段，都只是属于弥补措施。因此，在行使其他救济权利的同时，还可以要求损害赔偿。需要注意的一点是，在计算损害赔偿金额的时候，是需要加上预期利润损失的。例如，卖方交付了一批不合要求的货物，买方行使了替代品请求权，卖方随即交付了一批符合要求的货物，

---

① 根本违约是指因为当事人的违约行为合同不能实现。

虽然买方最终也收到了符合要求的货物，但货物晚到给买方造成了利润损失，这种损失可以要求卖方赔偿。

阅读材料

在行使损害赔偿请求权的时候，计算赔偿金额要包括利润损失。那么，让我们试想一种情况：买方收到货物后发现货物严重不符合合同要求，判定卖方的违约构成根本违约，由此行使了合同解除权，同时要求损害赔偿。买方声称，这批货物自己有特殊的使用目的，由于没有按时收到符合合同要求的货物，自己特殊的使用目的无法实现，导致了高出货物价值数倍的利润损失，这笔损失应由卖方承担。买方的要求是否合理？

在计算损害赔偿金额的时候有一个基本原则，即所计算的金额不能超过违约方的合理预期。当事人违约之后，对自己违约所造成的损失应有一个合理的预期，这个预期即为赔偿的最高金额。之所以有这样的规定，是为了防止相对当事人故意夸大利润损失。当然，违约一方当事人故意压低自己的预期以减少赔偿金额也是做不到的。如果买卖双方在金额上存在重大分歧，法院或仲裁机构的裁决才是最终结果。

五、主合同纠纷的解决方式

上文中我们一直讨论如何避免在交易中产生纠纷，但因过失或者惯例上的差异而产生纠纷是不可避免的，而纠纷的解决正是国际贸易中的一个重要话题。当前国际贸易纠纷解决的方式大体有以下四种。

（一）和解

和解是国际贸易中最好的解决方式，在一些书籍的介绍中，和解甚至称不上是一种纠纷解决方式。所谓和解，是指买卖双方在没有借助任何外力，即没有第三方介入的情况下，通过协商达成一致，从而让纠纷自动消失的一种方式。和解的成功来源于买卖双方彼此的理解，所以和解不仅解决了交易过程中的纠纷，实际上也为买卖双方消除了分歧，它维系了买卖双方之间良好的商业合作关系，为买卖双方未来的合作打下了基础。

基于上述理由，我们可以认为和解是国际贸易中最好的纠纷解决方式，但问题是和解是否真的能成功？事实上，和解在国际贸易中对于纠纷解决的成功率并不明确，因为和解是买卖双方自行解决纠纷的一种方式，不存在任何机构对其进行案例收集。另外，买卖双方出现纠纷，无论是一方当事人违约，还是双方出现了惯例分歧，一定会造成一方或双方当事人的损失，要让受损失的当事人无视自己的损失来和解，这并非易事。由此我们可以得到一个结论，和解虽好，但达成和解并非易事，不过买卖双方仍然可以在不违反己方原则的情况下以友好的态度进行交流，以尝试达成和解。

（二）调解

既然买卖双方难以和解，那么在解决纠纷的过程中，引入外力（独立于买卖双方的第三方）来协助纠纷解决就显得十分必要。在引入外力的纠纷解决方式中，调解是相对温和的一种方式。

调解的基本流程如下：①国际贸易当事人向国际商事调解中心提出申请或由其他争议解决机构委托解决；②调解中心受理案件，申请人选定或指定调解员；③调解中心做好调解的前期准备：准备调解方案以及告知当事人权利与义务；④召开调解会议：调解成功则签订调解协议，如调解失败则引导其选择其他解决途径；⑤调解结案流程（见图 2.1）。

调解这种纠纷解决方式具有"合意性"。一是选择调解作为纠纷解决方式是买卖双方的一致意见。也就是说，在买卖双方都同意让调解员介入的前提下调解才可以顺利开展。一般来讲，买卖双方要在合同订立之初就将"发生纠纷之后调解解决"的条款写入合同。当然，在实务上也存在纠纷发生之后，买卖双方都同意以调解方式解决的情形。二是调解本身不具有任何的强制性。也就是说调解员在调解的过程中，本身不能行使任何强制权利来解决纠纷，调解员的所有判断，都只能视为是对买卖双方的建议，如果调解成功，那也是买卖双方所达成的协议，调解员只是撮合的角色。也正因如此，调解也会

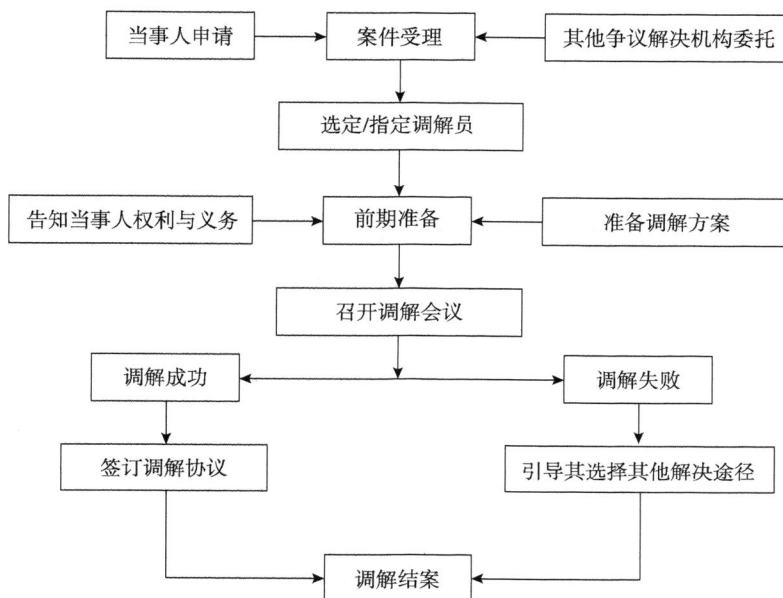

图 2.1　调解结案的流程

存在失败的情形。

（三）仲裁

在实务中，调解不成功往往是买卖双方均不让步导致的，同时调解员不具有强制权利也让调解失去了对买卖双方的约束。那么，要解决问题，就需要赋予中间人一定的强制权利。仲裁就是一种由具有强制权利的纠纷解决方式。

仲裁的基本流程如下：①申请人书面申请仲裁；②仲裁庭立案审查，符合条件则受理案件，申请人缴纳仲裁费用，不符合受理条件则不予受理；③书面通知申请人和被申请人；④交换申请书、答辩书、证件以及其他材料；⑤选择仲裁员组成仲裁庭；⑥开庭审理或双方协商进行书面审理；⑦双方同意调解，达成调解协议，制作调解书；⑧如果调解失败，则由仲裁庭做出裁决，制作裁决书；⑨送达调解书或裁决书（见图 2.2、图 2.3）。

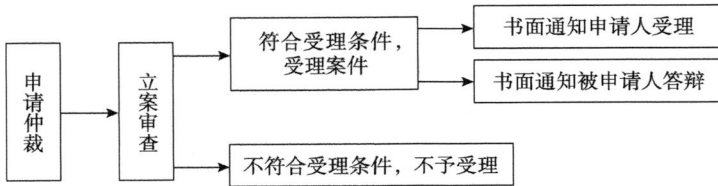

图 2.2　仲裁立案流程

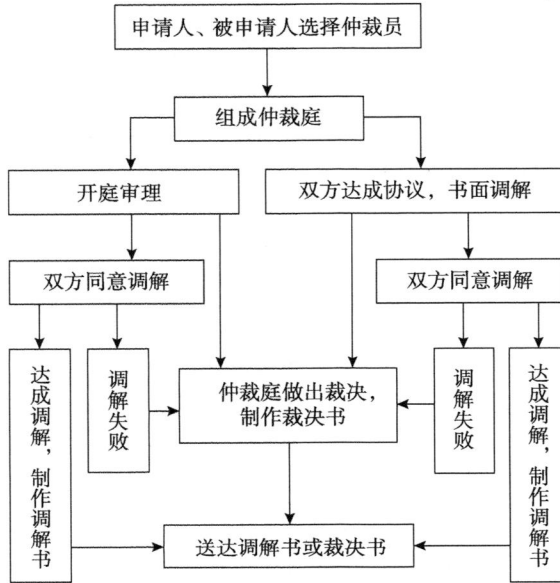

图 2.3　仲裁流程

　　关于仲裁有一个要点非常重要：仲裁是民间性质的纠纷解决方式。虽然仲裁的结果具有强制性，但仲裁机关、仲裁员并非具有执法权的司法人员，他们只是做出了民间层面的裁决，但制度赋予这种民间裁决以强制力。这种制度安排具有一个好处，即便于其裁决结果在国际间的执行。由于司法主权的问题，各关税区对于其他关税区所作出的司法裁决都不会简单承认，即便司法裁决的结果显然是正确的。但仲裁的裁决来自民间，各关税区在认可其裁决结果的时候不存在司法主权的障碍。早在 1958 年，世界上多数重要的国际贸易参与国就订立了《承认及执行外国仲裁裁决公约》（以下简称《纽约公约》），这让仲裁成为国际贸易纠纷解决中最重要的方式。

另外需要注意的是，正是由于仲裁是一种民间纠纷解决方式，要开展仲裁活动，同样需要得到买卖双方的共同同意。与调解一样，在合同条款中加入仲裁条款，或是在纠纷发生之后补充仲裁条款是常见的做法。

（四）诉讼

诉讼是所有纠纷解决方式中，对抗性最强的一种。这种对抗性主要体现在以下两个方面。

一是诉讼的非合意性。与调解和仲裁不同，一方当事人提起诉讼并不需要相对当事人的同意，只要一方当事人认为自己的合法权益遭到侵害，他就可以按照自己的单方面意愿提起诉讼，相对当事人也必须要出庭应对诉讼。

二是诉讼结果的强制性。诉讼的结果由依法行使国家审判权的法官依法给出，当事人对法官的裁决不认同，可以上诉，但如果上诉无果，当事人则必须遵从法官做出的裁决。因此，一旦进入诉讼阶段，当事人之间的相互信任必定遭到极大破坏。

另外有一点需要注意，诉讼在国际贸易中并不是一个经常被采用的纠纷解决方式，这倒不是因为诉讼的对抗性问题，而是因为效力问题。试想，已经进入纠纷解决阶段的交易，足见买卖双方之间已经产生了许多问题。此时此刻，买卖双方需要的是解决问题，而不是简单的判断对错。诉讼的裁决由法院做出，而法院是国家司法机关，这意味着本关税区之外的其他地区不会接受本国法院的裁决结果。国际贸易本身就是发生在不同关税区之间的商业交易，正是由于这种性质，在一个关税区法院得到裁决，对身处另一关税区的相对当事人的财产而言并没有效力。因此，在国际贸易中，诉讼并不是一个常见的纠纷解决方式。

阅读材料

诉讼与仲裁哪一种方式的层次更高

诉讼与仲裁都是国际贸易纠纷解决方式，很多人认为仲裁是一种民间解决方式，而诉讼是通过特定国家机关来解决问题，因此诉讼理应比仲裁层次更高。其实这是一种误解。诉讼与仲裁都是国际贸易纠纷解决的最高层次方式，两者处于同等地位。

在国际贸易中有一个有趣的规定：仲裁与诉讼只能选择其一。也就是说，如果买卖双方已经选择了使用仲裁来解决纠纷，那么当仲裁机关做出裁决之后，即使一方当事人不服，也不能再提起诉讼。直白来讲，仲裁虽然是一种民间纠纷解决方式，但其裁决结果等同于诉讼的判决结果。加上《纽约公约》赋予仲裁结果以国际间可执行性，仲裁从某些方面来讲甚至高于诉讼。

（五）选择更好的纠纷解决方式

哪一种纠纷解决方式是最好的？这是商人最关心的问题。要解决这个问题，我们需要回到商业的本质——我们为什么要从事国际贸易？同时我们需要思考，不同纠纷解决方式的根本目的是什么？

我们先回答第二个问题，除和解外的其他纠纷解决方式的本质是什么？仲裁与诉讼的本质是一样的，虽然中间人不同，但二者都依赖于一个具有强制力的第三方来对纠纷中的是非进行裁决。换句话说，判断是非是仲裁与诉讼的本质。我们可以认为，仲裁员与法官依据准据法以及交易中存在的事实，判断买卖双方之间的是非，从法律意义上讲，这追求了一种所谓的"实体正义"。

但在善意纠纷①的解决过程中，由于买卖双方都不会在主观上承认己方具有过失，那么通过具有司法强制力的第三方来解决纠纷，在裁决中得到不利裁决的一方即使存在不满也无法抗拒裁决结果。因此，将善意纠纷付诸司法解决必然会伤害买卖双方之间的信任，而这种信任是国际贸易进行的基础。

---

① 所谓"善意纠纷"是《合同视角看国际贸易》（周凌轲、朴洸绪，2022）中阐述的一种纠纷形式。在国际贸易中，即使双方在合同的订立与履行过程中都严格遵守了"诚实信用"的原则，也可能因为商业惯例的不同，或者是对同一合同条款出现了不同理解而产生纠纷。在这种纠纷中，买卖双方都没有过失，这种就被定义为"善意纠纷"。

事实上，前人研究和大量数据业已证明，买卖双方之间的信任遭到破坏之后，交易将无法继续，并将影响企业的绩效，尤其在具有长期交易关系的买卖双方之间，因此通过仲裁或诉讼来解决显然不是最优的。

我们回到第一个问题，为什么从事国际贸易？作为一项经济活动，国际贸易和其他经济活动并没有本质上的区别，国际贸易就是一项谋利的活动。因此，交易中的"是非曲直"和经济利益相比，恐怕就没有那么重要了。所以，在国际贸易的纠纷解决中，能维系买卖双方的可持续交易关系，让买卖双方都能在交易中获得经济利益，远比判断买卖双方的对错更重要。

基于上面的理由，我们可以认为调解才是更适合解决国际贸易纠纷的方式。但在当前的国际贸易环境下，仲裁是使用频率最高的纠纷解决方式，调解的使用比例并不大。这主要是因为调解在过去相当长一段时间内存在执行力问题，买卖双方在达成调解协议之后，调解协议与原合同的关系等一系列问题存在争议。然而，在2019年随着《新加坡调解公约》的生效，我们认为调解将会在国际贸易纠纷解决中发挥更重要的作用。

阅读材料

商事调解的价值源于商事调解符合国际贸易纠纷解决中对于"现实正义"的追求，其理由有以下两点：第一，调解员的角色改变带来的纠纷诉前解决。众所周知，任何纠纷一旦发展到需要依靠诉讼解决的时候，当事人之间的信任关系便会遭到极大破坏。这种纠纷解决机制或许能处理掉纠纷本身，但纠纷背后所隐藏的矛盾反而有可能随着纠纷的解决而激化。因此，纠纷的诉前解决一直也是民商事领域社会治理的追求之一。在早期，仲裁作为一种民间纠纷解决机制，也在一定程度上反映了这种社会治理追求。但在现实中，作为民间人士的仲裁员，却做出了具有与法院判决一样效力的裁决，这就导致仲裁名义上是一种替代性纠纷解决机制，但实际上更倾向于一个"类司法纠纷解决机制"。但调解员的角色并非如此，调解的目的在于化解当事人之间的矛盾，而并不是去判断当事人之间的对与错。简单来说，在国际贸易纠纷解决中，仲裁员与法官是以准据法为准绳判断买卖双方的对与错，从而解决掉纠纷本身；而调解员是以化解买卖双方的矛盾为工作目的，当矛盾化解之后，纠纷本身也就自然化解。这是调解与仲裁、诉讼工作原理的本质区别。

第二，在国际贸易中，买卖双方在产生交易纠纷之后使用调解进行解决，如果调解成功买卖双方会在调解员的斡旋之下订立一份和解协议，这份协议的法律性质对纠纷的解决至关重要。事实上，学界对因调解而形成的和解协议的法律性质存在一定争议。本文不对这种法理层面的争议进行讨论。但本文认为，这份和解协议可以合理解读为"买卖双方对于合同的修订或补充"。《民法典》与 CISG 都认可商事行为中的当事人意思自治原则①。因此，在国际贸易中只要买卖双方在意思表示上达成一致，合同随时可以修改。和解协议由调解而形成，调解的过程可以视为买卖双方就修改合同进行协商的过程，而协议本身就是意思表示达成一致的象征。基于这样的理解，和解协议并不一定能像法院判决或仲裁裁决一样做到"惩恶扬善"，但鉴于买卖双方一定会在调解员的斡旋之下为自己的长期利益做出最大努力，因此如果顺利达成一份和解协议，这份和解协议一定是最符合买卖双方利益均衡点的，即达成了一种"现实正义"。另外，由于和解协议是买卖双方对于原合同的修改或补充，原合同在一定程度上得到了保全，而修改和补充又对原合同履行过程中出现的问题进行了弥补。因此，通过调解形成和解协议的过程，就是买卖双方在考虑自身利益最大化，且体现买卖双方对原合同中未能反映出的交易现实进行补充的过程。

因此，本文认为调解在国际贸易纠纷解决中所体现出的最大价值在于对买卖双方矛盾的化解。如果双方的纠纷是恶意的，那么调解是一个谅解的过程；如果双方的纠纷是善意的，那么调解是一个理解的过程。无论是在哪一种情况下实施的调解，都可以实现在解决纠纷的同时，最大限度地保护国际贸易中买卖双方的商业互信，并为买卖双方未来的持续交易提供了信任基础。

① 具体参见《民法典》第 543 条、CISG 第 29 条。

第三章 支付合同风险及其管理

主合同是国际贸易中的核心，甚至可以说买卖双方在国际贸易的所有操作都是为了主合同的订立与履行。由于买卖双方分别位于不同关税区，难以进行面对面交易，且存在长时间运输的问题，为了主合同的顺利履行，买卖双方还会和第三方签订一些辅助主合同履行的合同，这些合同在法律上是独立的，但它们存在的目的却是依附于主合同的，我们将这些合同合称为"附属合同"，通常包括：①买卖双方与银行订立的支付（结算）合同；②买卖双方与物流公司订立的国际运输合同；③买卖双方和保险公司订立的保险合同。下面主要针对支付（结算）合同展开讨论。

一、支付（结算）合同

（一）支付（结算）的基本概念

严格意义上来说，支付和结算是两个不同的概念。支付（payment）是指买方向卖方或卖方指定的其他当事人支付货款的行为。根据 CISG 的要求，按法律规定支付是买方在国际贸易合同中固有的义务。结算（settlement）则是一个更为理论的概念，其指的是买卖双方清算彼此之间的权利与义务关系。一般来说，由于卖方向买方交付货物或将要交付货物，买方存在向卖方做出等价偿还的义务，买方需要做出某种行为让买卖双方之间的这种权利与义务关系被清算，这种做出的行为即为结算。从严格定义上看，买方要解除自己的义务，可以用任何一种买卖双方均同意的手段，这种手段并不仅限于支付货款。但在现实的国际贸易中，支付货款是最常见，也是最简单的方式。因此，除严格的学术研究需要外，大部分场景下，支付和结算都视为同义词。本书之后的叙述中，也不对这两个词语进行刻意区分。

在今天的国际贸易中，通常存在三种结算方式，分别是：汇付、托收、信用证。汇付是国际贸易中最常使用的结算方式，通常由买方通过银行直接将约定的金额汇入卖方指定账户中。在这个过程中，银行承担中介的角色，不对资金转移的其他问题负责。

托收与信用证是两种存在银行介入的结算方式。其中，托收是指卖方（债权人）委托银行向买方（债务人）收款的结算方式。在此过程中银行根据《托收统一规则》（URC）承担托收与代收的责任；信用证则是一种更为复杂的结算方式，它是由买方（开证申请人）向银行（开证银行）提出申请而开立，由银行给予卖方（受益人）的一种有条件支付承诺。这两种结算方式各有优缺点，也存在各自不同的风险。

（二）汇付

如前所述，汇付是国际贸易中最为简单，也最为常见的结算方式。它的结算过程如图2.4所示。

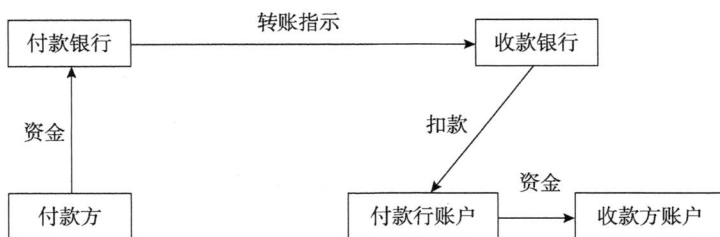

图2.4 汇付结算过程

汇付之所以在国际贸易中被广泛采用，并不是因为其安全，而是因为其成本低。由于银行在整个汇付过程中没有承担任何责任，因此汇付本身是一个高风险的结算方式。

理论上讲，国际贸易作为一项经济活动，是需要遵守民商法的一些基本原则的。国际贸易主合同是一种双务合同，这种合同性质要求国际贸易中买卖双方需要同时履行义务，用通俗的话讲，即"一手交钱，一手交货"，但这在国际贸易中显然做不到。买卖双方不能直接见面的现实让交易过程中的钱货交易存在先后顺序，根据这种先后顺序把结算分为以下两种基本形态。

1. 提前支付

提前支付要求买方在卖方交货以前支付货款。这种结算方式在卖方处于明显强势的交易中，或在货物处于一种供不应求的状态时常用。这种结算方式可以帮助卖方极大地缓解现金流压力，但同时买方也不得不承担一些商业风险，即卖方在已经收到货款的情况下可能延迟发货甚至不发货，又或是发出的货物不符合合同要求，此时由于货款已付，买方将很难形成对卖方的制约。因此，在提前支付的时候，买方必须要采取风险管理措施。常见的措施有以下几种：

一是合同条款管理。通过主合同的装运条款来对卖方形成制约，严格要求装运时间，可以让卖方按时完成装运义务；通过主合同的品质条款可以要求卖方交付符合合同要求的货物。

二是代理人管理。买方可以在出口关税区选择代理人，在提前支付之前，通过代理人来确定卖方的经营状况以及货物的品质状态。

2. 延期支付

延期支付即买方的支付行为发生在货物交付之后，卖方需要在没有收到货款的情况下去履行货物的交付义务，这对于卖方而言需要自己垫付资金，给现金流带来一定压力。此时，卖方需要承担信用风险，即自己已经完成货物的交付，而买方却不按时支付货款的风险。卖方需要对这种信用风险进行金融管理，以解决延期支付所带来的应收账款问题，如保理、福费廷等业务，也可以购买信用保险。

阅读材料

既然汇付不能实现同时支付，提前支付和延期支付都会带来风险问题，那么买卖双方为何还要将汇付作为首选的结算方式？事实上，这是产业经济发展的结果，并非买卖双方对风险管理不重视。国际间分工发展至今，各国依据比较优势形成了不同的主导产业，而大型跨国企业也通过在不同国家布局产业链据点达到利益最大化。跨国企业的产业链布局给国际贸易带来一个巨大的影响——企业内部交易数量激增。

例如，德国 B 汽车公司在我国销售汽车的时候，并不直接售卖给消费者，而是将整车销售至我国的 B 汽车销售公司。虽然 B 汽车生产公司与 B 汽车销售公司在法律上是两个独立法人，但究其本质这种交易其实就是 B 汽车公司生产部门与销售部门之间的内部交易。B 汽车生产公司不会担心 B 汽车销售公司不按期付款，B 汽车销售公司也不会担心 B 汽车生产公司交付的汽车不符合合同要求。因此，在结算时，买卖双方会选择最简单、成本最低的汇付。这种企业内部交易在今天的国际贸易中占据了很大的比例，也推高了汇付在国际贸易中的结算比例。

（三）托收

托收是一种委托银行收款的国际贸易结算方式。与汇付相比，在托收的过程中，银行需要根据 URC《托收统一规则》的规定承担相应的责任，因此在安全性上要优于汇付。但托收时银行要收取手续费，因此托收的成本要高于汇付。

如图 2.5 所示，在进行托收的时候，首先，由卖方向银行提交托收的申请、交易相关单据以及以买方为受票人的汇票；然后，托收银行在收到材料之后会将材料转给买方关税区的银行，这家银行可以是托收银行在买方关税区的海外分行，也可以是其他银行，这家银行被称为代收银行；其次，代收银行会向买方提示相应的单据与汇票，并要求买方付款；最后，如果买方付款，买方从代收银行处收取单据，同时货款会经由代收银行、托收银行交还给卖方；如果买方拒绝付款，代收银行会将这一事实通过托收行转达给卖方。

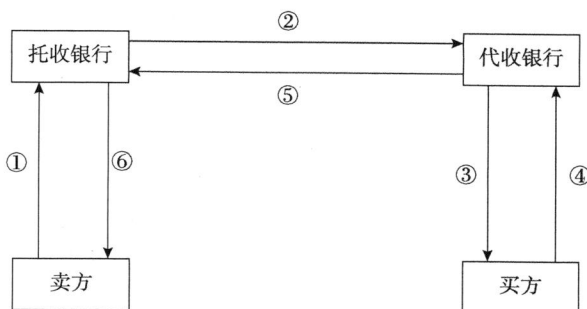

图2.5　托收流程

在托收的过程中，根据代收银行和买方传递单据与回收货款的顺序，托收可以被分为付款交单（D/P）和承兑交单（D/A）。在付款交单的交易中，代收银行在向买方提示单据时，买方需要根据汇票的指示付款，因此所使用的汇票为即期汇票；在承兑交单的交易中，代收银行向买方提示单据之后，买方可以在承兑之后领取单据，并在汇票到期日支付货款，因此所使用的汇票为远期汇票。

（四）信用证

信用证是国际贸易中最复杂的结算方式。它以银行信用替代商业信用，给卖方提供了最大的安全保障。

如图2.6所示，在信用证交易中，开证申请人（买方）向自己的交易银行提交信用证开证申请，开证银行审查后书面开立信用证；开证银行将信用证传递给出口关税区当地银行，该银行可以是开证银行的海外分行，也可以是其他银行，称为通知银行；通知银行对信用证的"外观"进行基础检查之后，向受益人（卖方）传达信用证开立的信息；受益人按照信用证的要求准备单据，在单据齐备之后将单据以及以银行为受票人的汇票一起提交付款银行，付款银行会按照"相符交单"的标准审查单据，如果判断为相符交单，则向受益人支付货款；付款银行将单据交付开证银行，开证银行再次审查单据，如果同样判断为相符交单，则向付款银行偿付货款；开证申请人向开证银行支付货款，同时领取单据。

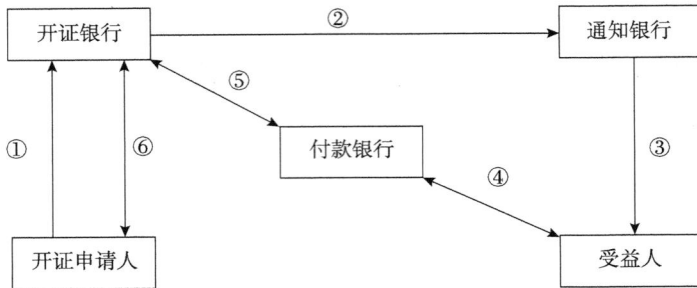

图 2.6　信用证交易流程

从信用证的交易流程可以看出，使用信用证交易之后，卖方能否收到货款就不再取决于买方的信用，而取决于卖方能否准备满足相符交单要求的单据。买方的信用是卖方无法控制的，但能否满足相符交单则是取决于卖方的单据缮制能力的高低，而单据缮制能力对于卖方而言是一种内生的要素，是其可以自我掌控的。也就是说，在信用证交易中，卖方能否收回货款，取决于卖方自身能力的高低。

另外，信用证交易的复杂性在于诸多银行的参与，而这些银行参与信用证交易，也是一种谋利行为，这就导致信用证交易的成本极高。在当前的国际贸易中，信用证并不是买卖双方首选的结算方式，但由于信用证交易中开证银行给予的支付承诺，消除了卖方对于买方的不信任问题，所以在买卖双方的首次交易或大金额交易中，信用证仍然是不错的选择。

二、托收结算的风险与管理

（一）传统托收的风险与管理

传统意义上认为，付款交单是一个没有风险的交易。因为付款交单需要在买方付款后才能领取单据。如果将国际贸易视为依托单据的象征性货物交易，那我们甚至可以将付款交单视为一种"一手交钱一手交货"的交易，但这里存在两个问题值得买卖双方注意。

问题一：买方拒不付款怎么办？在付款交单的交易中，如果买方拒绝付款他就无法获得单据，单据会按照代收银行—托收银行—卖方的顺序退回，卖方不会陷入货财两空的窘境。但深入思考一下，卖方之所以能向银行提交单据，是因为货物已经完成了发货，如果买方不愿意付款接受单据，也就意味着不仅单据需要原路返回，货物同样需要原路返回，仍然会给卖方带来不便。也就是说，在交易中卖方是否会遭到不便，仍然取决于买方的信用。由此看来，对卖方而言，即使是风险相对较小的付款交单交易，提前的信用调查仍然是不可缺少的风险管理环节。

问题二：买方付款收货后发现货物不符合合同要求怎么办？付款交单的结算方式，就意味着买方需要付款后才能领取单据。我们需要注意，虽然付款交单在形式上看起来是"一手交钱一手交货"，但买方所交的钱是真实的钱，而买方所收到的货物只是象征性货物所有权或能让买方去提取货物的单据而已。买方真正收到货物之后发现货物不符合合同要求，就非常难处理，因为此时货款已付。因此，在可能的情况下，坚持第三方品质检验①，或者由代理人完成装运前确认是完全有必要的。

相比付款交单，承兑交单则是一个高风险的结算方式，这种高风险主要是由卖方来承担的。在承兑交单的交易中，买方可以在做出"承兑"的意思表示后领取单据，如果买方通过单据领取货物之后，在汇票到期日又拒不付款，那么对卖方而言是一种非常严重的损失。因此，在不得不采取承兑交单进行结算时，对买方进行提前的信用调查非常关键。

（二）非典型托收的风险与管理

仔细思考承兑交单的意义，我们可以发现承兑交单对于买方而言存在一种金融上的优惠。试想，如果买方当前的现金流存在压力，但买卖双方使用了承兑交单的结算方式。买方可以在没有付款的情况下凭承兑领取单据，如果买方是一个贸易商人，他甚至可以在货物被转卖之后再行付款，这相当于

---

① CISG 中没有规定品质的证明方法。因此，在国际贸易中，由卖方自己来证明自己所发出的货物是符合合同的，这不仅合法，也是一种常见的做法。在买方无法确认卖方的商业信用的时候，要求独立第三方进行品质检验，或是自己的代理人进行货物品质检验是有必要的。

获得了一次无息的融资。因此，承兑交单在国际贸易的结算中，一直受到买方的偏爱。但承兑交单给卖方带来的风险也是不言而喻的，这就是买卖双方的矛盾所在。为解决这种问题，在国际贸易结算的实务中，存在一种介于承兑交单和付款交单中间的结算方式，即远期付款交单———一种使用远期汇票的付款交单结算方式。

翻查 URC，我们可以发现有关托收的种类在第 7 条中有如下规定：

第 7 条 a 款："托收不应含有凭付款交单的远期汇票"；

第 7 条 b 款："如果托收含有远期汇票，则托收指示应注明商业单据是凭承兑还是付款交付付款人；如无注明，商业单据仅凭付款交单"；

第 7 条 c 款："如果托收含有远期汇票，且托收指示注明为付款交单，则单据只能凭付款交单。"

仔细观察，a 款的规定与 b、c 两款之间似乎存在矛盾。a 款已经明确了付款交单不应该使用远期汇票，但 b、c 两款又指出了在付款交单中出现远期汇票的处理方法。学界对其的解读为："国际商会不建议使用远期付款交单作为国际贸易的结算方式，但并没有明确禁止这种结算方式的使用。"[1] 正是国际商会这种模棱两可的态度，让部分国家在管理上并不认可远期付款交单的存在，这些国家的银行会在惯例上将远期付款交单直接处理为承兑交单，从而引发风险。

阅读材料

远期付款交单案例（一）

此案例发生在我国与阿尔及利亚之间的交易中，中国国际贸易促进委员

---

[1] 从理论上看，国际商会并没有能力去禁止任何结算方式的使用。国际贸易是一个遵从于当事人意思自治原则的民间经济活动。在不违反强行法的前提下，当事人的意愿是国际贸易的最高准则。无论 URC 上做出怎样的规定，只要当事人愿意，他们都可以通过合同条款的形式来修改 URC 上的规定。

会对此案例进行了相关报道。据报道，我国山东省济宁市的 C 公司与阿尔及利亚的 A 公司之间订立贸易合同，合同规定 C 公司向 A 公司出口一批大蒜，交易采用 CIF 术语进行。在合同的结算条款中规定"30% of amount by T/T advance, and 70% of amount by D/P 30 days after sight"，即合同总金额的 30% 以电汇方式进行预付，剩下的 70% 以远期付款交单形式进行结算，汇票到期日为买方见票后的第 30 天。另外，合同明确规定了结算中的托收部分遵循 URC 522。

合同订立后，C 公司收到了 A 公司的预付款，于是 C 公司按照合同要求安排发货，并在发货后将全套正本单据交付 B 银行（托收银行）委托其办理托收业务。B 银行按照 URC 522 的相关规定将全套单据交付阿尔及利亚当地的 X 银行（代收银行）。X 银行在 A 公司仅做出了承兑的意思表示之后即向其交付了全套单据，而在汇票到期日 A 公司并没有按约定付款，X 银行仅将"已经承兑过的汇票"（accepted bill of exchange）退还 B 银行，并通报了 A 公司拒付的事实。由于 A 公司在没有付款的情况下通过正本单据提取了货物，C 公司在得知相关情况之后向 A 公司提出抗议，要求 A 公司立即支付剩余的 70% 货款，但 A 公司以货物存在品质问题为由拒绝继续履行义务。

远期付款交单案例（二）

2000 年 5 月，韩国 S 化学公司与美国 D 工业公司订立国际贸易合同。根据合同要求，S 公司需要向 D 公司交付一批丁二烯原料，总金额达 14324 美元。合同中的结算条款标记为"Payment：D/P 30 days after sight"，即见票后 30 日付款交单。S 公司按照合同要求在最迟装运日前交付了货物，并在备齐所需单据之后，以韩国 W 银行为托收银行交付了相关单据与远期汇票。之后，W 银行根据 URC 所规定的惯例向美国 F 银行（代收银行）交付了全套单据，并发出了代收指示。同年 8 月 17 日，F 银行在 D 公司做出承兑的意思表示之后向其交付了全套单据，同时向 W 银行做出了"9 月 15 日为汇票到期日"的通报。但到 9 月 15 日 D 公司并没有向 F 银行支付货款，由于单据已经交付，F 银行既没有收到货款，也无法向 W 银行返还单据，因此向 W 银行做出了"远期汇票遭到拒付"的通报。得到通报后，W 银行向 F 银行发出了"付款交单的交易中，代收银行为何在受票人（买方）未付款的情况下交付单据"的质疑。但 W 银行以"业务操作符合 URC 规定"为由拒绝承担责任。

通过以上案例我们可以发现，远期付款交单产生纠纷的原因可以总结为以下三方面。

第一，代收行将远期付款交单处理为承兑交单。URC 是国际商会根据各国商业银行的业务处理惯例，以文字形式整理的全球大多数国家通行的统一托收惯例，其所规定的有关银行如何处理托收业务的流程，可以视为一种"标准化"的流程。但 URC 上有关远期付款交单的暧昧描述，使部分国家的商业银行在处理托收业务时，从根本上就不认可远期付款交单的存在，而直接将含有远期汇票的托收直接视为承兑交单，这是远期付款交单发生业务纠纷的根本原因。

第二，买方以承兑的形式获取单据后拒付。事实上，无论是远期付款交单还是承兑交单，由于都使用了远期汇票，卖方都只能在远期汇票到期日方能回收货款。如果买方在远期汇票到期日按时兑付，在远期付款交单与承兑交单中卖方所承担的风险并没有任何差异。但如果买方拒付，卖方所需要承担的风险就完全不一样（见表2.7）。

表 2.7　　　　远期付款交单与承兑交单遭到拒付时卖方风险对比

结算方式	卖方风险
远期付款交单	由于货物已经发运，卖方需要承担货物在进口国的保全[①]费用，以及货物回运的风险，但货物的控制权不会转移至买方
承兑交单	由于货物已经发运，且买方已经以承兑的方式取得单据，买方可以提取货物，会造成卖方财货两空

如表 2.7 所示，如果买方拒付，在远期付款交单的情况下，虽然卖方要

---

① 虽然货物已经在买方国家，但鉴于远期付款交单的交易中买方不能在付款前取得单据（主要是提单），故货物的实际控制权仍在卖方。根据《联合国国际货物销售合同公约》第 85 条的规定，卖方在此期间需要负责对货物的保全。

承担货物发运带来的保全费用，以及货物回运等成本，但至少保证了在回收货款以前不丧失对货物的控制权。但一旦代收银行以承兑交单的形式处理相关托收业务，在买方拒付的情况下，卖方既无法回收货款，也会丧失对货物的控制权。

第三，当买方拒付时，卖方的处理方式决定了纠纷的解决路径。当纠纷发生时，卖方或联合托收银行追究代收银行违反代收指示的责任，或跨过银行直接追究买方拒付的责任。从案例所反映的情况来看，当追究代收银行责任时，代收银行往往会援引 URC 中有关远期汇票与付款交单关系的条款（第 7 条）进行抗辩，在这种情况下卖方和托收行需要积极说明第 7 条 b、c 两款的规定，同时强调远期付款交单虽然不推荐，但仍然是一种合法的交易，这对于卖方保护自身权益具有重要意义。而直接追究买方的拒付责任，则是将纠纷直接定性为一种买卖合同纠纷，那么其解决方案与一般合同纠纷将无任何差别。

远期付款交单在国际结算实务中被大量使用仍是一个不争的事实。为应对远期付款交单的风险，我们提出以下建议：

第一，谨慎选择使用远期付款交单作为结算方式。在远期付款交单得到国际商会的明文认可之前，要想完全杜绝风险，企业应尽可能使用即期付款交单与承兑交单。

第二，卖方需要仔细选择交易对象。这里所指的"选择交易对象"有两层含义。一是卖方在同意使用远期付款交单作为结算方式时，需要确定买方国家的商业银行是否接受远期付款交单。远期付款交单为部分国家（包括我国）的国际贸易商与商业银行所广泛认可，当这些国家的银行作为代收行时，通常不会发生将远期付款交单处理为承兑交单的问题。二是卖方应该对买方的商业信用做充分调查。前文中也说明了远期付款交单只有在买方拒付的情况下才会产生问题，因此卖方通过选择商业信用良好的买方，可以降低买方拒付的可能性，亦可充分预防远期付款交单可能带来的风险。

第三，如果远期付款交单发生了风险，卖方应积极联合托收银行追究代收银行的责任。虽然 URC 上对远期付款交单存在暧昧的描述，但远期付款交单绝对能构成一份承揽合同。很明显，代收银行接受了交易的提议，远期付款交单的业务操作即使不受 URC 的约束，也应受当事国民商法或者国际私法准则的约束。因此，当代收银行以承兑交单的形式处理远期付款交单时，可以将代收银行的行为视为一种违反承揽合同的行为。这种解读在某些案例中也得到了国际商会的认可。相反，在案例一中，C 公司放弃了对 X 银行的追责，直接向 A 公司提出抗议的做法，虽然符合准据法规定，但明显让自己失去了来自银行的保障。

三、信用证结算的风险与管理

在绝大多数有关信用证的研究中，信用证都被描述成一种安全的结算方式。因为有了开证银行的支付承诺，在整个交易中，商业信用被更高层次的银行信用所替代，卖方可以通过提高自己的单据缮制能力来确保自己能顺利收回货款。但正是由于这种交易性质，信用证结算出现了新的风险形式。

（一）独立抽象性原则

在部分学术著作中，独立抽象性原则被描述为独立性原则与抽象性原则。所谓独立性原则，是指信用证在开立之后是一份自给自足的文件，其独立于包括主合同在内的其他合同。这一原则需要我们深入理解。信用证本身也是一份合同，它确定了银行与受益人之间的权利与义务关系。这份合同是因为买卖双方的主合同需要完成支付而存在，但它独立于主合同。

如图 2.7 所示，在简化信用证的交易流程之后可以发现信用证交易中存在三笔合同：一是买卖双方的主合同，这是国际贸易合同的中心；二是买方向开证银行申请开立信用证的合同，这是第二笔合同；三是开证银行与卖方之间的信用证结算合同，这是第三笔合同。在这三笔合同中，信用证开证合同与信用证结算合同服务于主合同的履行，但是它们与主合同之间在法律上是相互独立的。举例说明，如果因某种原因导致主合同解除，而买卖双方没有与银行进行信用证合同的修订，那么即使信用证合同服务的对象已经不存在了，信用证合同仍然是有效的。

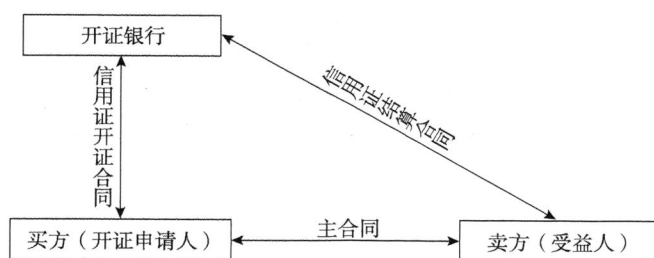

图 2.7 信用证独立性原则

独立性原则的存在方便了银行的业务处理。在国际贸易中，主合同的当事人是买卖双方，银行并不是国际贸易的当事人，如果让信用证合同与主合同挂钩，那么买卖双方每一次的合同修改都需要银行的介入，这不仅让买卖双方感到不便，也加大了银行的业务处理难度。

抽象性原则来自银行对于单据的审查过程。上文提到，银行以单据的审查结果来判断是否需要向卖方支付货款。注意，银行判断是否支付货款的依据是且仅是单据。银行并不会去核实买卖双方在交易中的其他情况，而仅通过单据来判断。例如，银行通过质检证明来判断货物的质量，通过提单来判断货物的装运时间，通过保单来判断货物的投保情况，等等。信用证交易中之所以有抽象性原则，是因为银行本身没有能力去检查货物，如果要求银行对货物进行检查，这就加大了银行的业务难度，也降低了信用证交易的效率。

（二）欺诈与软条款及其应对

独立抽象性原则给信用证交易带来了高效和便利，也带来了欺诈与软条款问题。

1. 信用证欺诈问题

我们试想一种情况，如果卖方是一个单据缮制高手，他在没有完成主合同中的义务，或者是完成义务具有瑕疵的情况下，能否收到货款？另外，如果卖方已经知道了卖方所交付的货物存在问题，在银行依据信用证向卖方支付货款的时候，买方能否阻止银行的付款？

从"正义"的角度看，卖方在没有完成主合同义务的情况下，就不应该享有主合同所赋予的权利，他没有资格获得货款；同时，如果银行正在向卖方支付货款，作为最终的收货人以及付款人，买方应该站出来阻止银行的付款。但不幸的是，在独立抽象性原则的支配下，"正义"无法实现。我们将这种卖方在没有完成主合同义务的情况下，通过完整的单据来获取银行付款的行为称为"信用证欺诈"或"信用证单据欺诈"。

在发生信用证欺诈时之所以正义无法实现，主要有两点原因：第一，银行没有资格拒绝卖方的付款要求。虽然卖方违反了主合同中的约定，但根据独立性原则，主合同与信用证交易合同是相互独立的，卖方一旦提供了符合信用证要求的单据，那么他就获得了从银行获取货款的权利。事实上，由于独立性原则的存在，银行没有理由去拒绝付款。对银行而言，买方能否收到与合同要求相符的货物并不重要，重要的是银行要收回货款。根据独立性原则，买方在申请开证时与开证银行订立的信用证开证合同，并不受主合同的影响，即使买方认为自己没有收到与合同要求相符的货物，也不能免除买方向银行付款的义务。因此，银行对卖方是否履行了主合同并不关心。

2. 买方没有能力阻止银行的付款

从法理上讲，在合同关系中一方当事人要出手阻止另一方当事人的行为，前提条件是双方当事人在同一合同关系之中。银行向卖方付款是基于信用证结算合同的履约行为；买方没有能收到符合合同要求的货物，这是卖方存在主合同违约行为造成的。买方是不能以卖方在主合同中存在违约行为为由，阻止卖方在另一合同中合法权利的行使。更直白地说，如果银行听从了买方停止支付的要求，这反而是银行的违约行为了。

信用证欺诈对买方危害是极大的。买方开立信用证，为卖方提供了保障，但也由于受独立抽象性原则的影响，将自己排除在信用证交易之外，从而给自己带来了风险。对此问题，我们认为可以从以下两方面加以应对：一是信用调查，使用信用证进行交易，这本身就说明买卖双方存在不互信的问题，信用证只给卖方提供了信用风险的保障，但没有给买方提供商业风险的保障，买方的问题还需要自行解决。二是依靠法院止付令阻止银行的付款。如果买方拥有确凿证据证明卖方所交付的货物存在问题，并且是卖方故意为之，买方可以向法院提交证据，请求法院向银行发出止付令，以此阻止银行付款。

3. 软条款问题

如果信用证欺诈是卖方利用独立抽象性原则对买方权利的侵害，那么软条款就是买方对卖方权利的侵害，利用的也是独立抽象性原则。软条款在法律上并没有此概念，但在国际贸易领域却受到学界的关注。根据国际贸易学界的定义，软条款是信用证中对卖方相符交单形成阻碍的条款。信用证的开立，意味着卖方需要且仅需要完成对银行的相符交单就可以收回货款。这对于卖方而言，既是一种保障，也是一份风险。试想，如果信用证中存在使卖方无法完成的单据要求，那么即使卖方履行了主合同中的义务，也会因为无法完成相符交单而不能回收货款。

学界根据不同的案例总结出了以下六种常见的软条款类型。

第一，限制生效条款。此类软条款会附加信用证生效的条件。如"This credit is not valid unless we have received the sample approved by applicant"（除非开证申请人确认了样品，否则信用证不生效）。在包含此类条款的信用证中，即使受益人通过通知银行得到了信用证，也不能保证信用证的有效性。换句话说，得到有生效限制条款的信用证，在受益人的立场上，并不相当于得到了开证银行的支付承诺。

第二，要求单据由开证申请人的指定人签章的条款。在这类软条款里，信用证的效力是没有问题的。但由于单据要求由开证申请人的指定人签章，这会给受益人缮制单据带来极大的不便。理论上讲，开证申请人的指定人并不一定有义务在单据上签章，如果该指定人拒绝受益人的要求，受益人就不能完成相符交单。更有甚者，有些此类软条款中要求指定人的签章必须与开证银行所保管的签章一致，一旦开证银行没有保有相关签章资料，即使指定人配合受益人的要求，也会造成单证不符。

第三，商检软条款。商检软条款通常有两类。第一类是要求商检由开证申请人完成。从 CISG 的规定来看，开证申请人作为货物的买方，要求对货物进行商检的要求是合理的。但如果开证申请人以不合理的要求拒绝出具商检证明，就会造成受益人无法完成交单；第二类是所指定的商检机构在受益人国家没有办事处。在这种情况下，受益人要取得符合信用证要求的商检证明，需要支付额外的费用。

第四，装运软条款。这类软条款表现为"Shipment can only be effected upon..."这样的条款通常要求受益人必须得到开证申请人的某种许可后才能实施装运。这样一来，受益人在选择装运的时候会受到开证申请人的制约，正常获取提单也会受到制约。

第五，限制付款条款。这类条款在信用证上有多种表述方式。一般来说都是限制开证行的付款义务，如"We will pay you upon receipt of the goods"。在国际贸易中使用信用证结算方式的目的是以银行信用代替商业信用，但如果信用证包含限制支付条款，那么受益人是否能收到价款就取决于对方是否有商业信用，信用证本身也就失去了意义。

第六，开证申请人先行取得货权的条款。这类软条款通常要求受益人在准备单据，尤其是提单的时候，将其中的一份或几份单据原件邮寄给开证申请人。这样一来，开证申请人可以先行提取货物。但需要注意的是，这类条款的恶意性较大，因为开证申请人提前获取象征货权的单据，会让开证银行也陷入资金无法收回的境地。开证银行愿意开立包含这种条款的信用证，极有可能是与开证申请人提前串谋好了。

鉴于软条款对于受益人的危害极大，我们必须要掌握识别的方法。对于大部分软条款来说，其有一个共同的特点，即均违背了信用证的独立性原则。正如上文中反复强调的内容，信用证是一种合同，信用证的开立是开证银行与买方之间的合同关系，信用证在开立之后就是开证银行与卖方之间的合同关系。依照合同，受益人提交与信用证相符的单据，开证银行支付信用证上明示的货款金额。所以信用证开立以后，便是开证银行与卖方之间的交易，虽然这种交易是基于买卖双方所订立的主合同，但信用证与主合同彼此相互独立。更明确地讲，买方不是信用证交易法律意义上的当事人。让买方介入信用证交易的条款就是潜在的软条款，如"除非开证申请人收到样品，信用证才有效""提单原件需要快递一份给开证申请人"等。所以对于企业的相关业务人员来说，当发现信用证的 documents required（单据要求）或者 additional conditions（附加条款）里出现"applicant"（开证申请人）一词时，便应该警惕该条款有可能是软条款。这样的办法对于识别非隐性的软条款可行性较高，也便于企业的业务人员掌握。

（三）信用证的修改（隐性软条款）

无论是银行还是买卖双方，在信用证开立的过程中都可能存在失误。如果出现了失误，修改信用证即可。但在一些案例中，修改会使卖方陷入不利的境地，这与信用证软条款具有类似之处。由于这种问题的产生极为隐蔽，有学者将其称为"隐性软条款"。隐性软条款在现有文献中并没有被过多报道，通过部分案例的分析，可以将其定义为"会对卖方相符交单构成障碍的信用证修改"。在这些案例中，原信用证无问题，修改本身也无明显问题，但这两个"无问题"组合起来就能让卖方无法完成相符交单。

阅读材料

信用证隐性软条款案例（一）

我国的 A 公司与韩国的 K 公司订立合同，约定由 A 公司向 K 公司出口一批木材，结算方式为信用证。在信用证中有"partial shipment prohibited"（禁止分批装运）的条款。合同订立之后，A 公司依照合同条款积极履行自己的义务。在几近完成装运之前，K 公司突然要求将所订购的货物数量增加 1 倍，并提出修改信用证中涉及数量的条款，以符合新合同的要求，信用证上其他条款则保持不变。K 公司的要求对 A 公司意味着销量提升，因此 A 公司同意了 K 公司的要求。但由于 K 公司所购买的货物几近完成装运，班轮出港前在同一班轮上实施装运已经不可能。因此，A 公司只能将追加订购的货物在下一批次进行装运。在所有装运工作和单据缮制工作结束之后，A 公司向议付银行（付款银行）交单要求议付，但议付银行在审单后以"分批装运"为不符条款拒付。

信用证隐性软条款案例（二）

我国的 S 公司为重型机械制造集团公司，主要经营重型机械的生产与销售业务。S 公司与英国的 X 公司订立机械销售合同，约定以不可撤销信用证作为结算方式。根据信用证的记述，受益人为 S 公司，最后装运期限为 6 月 15 日，信用证到期日为同年 6 月 30 日。S 公司在合同履行的过程中收到信用证修改要求，修改要求有两条：第一，将信用证的最后装运期限与信用证到期日分别推后一个月，即最后装运期限修改为 7 月 15 日，信用证到期修改为 7 月 30 日；第二，将信用证受益人由 S 公司修改为 S 进出口公司（S 进出口公司为 S 集团公司旗下负责国际贸易业务的全资子公司）。S 公司在收到信用证修改要求之后并未对此进行回复。S 公司向议付银行交付单据要求议付，然而议付银行以受益人不符为由拒绝议付，随后 S 公司声明拒绝信用证修改要求，再次提出议付要求，议付行回信"According to the original credit terms and conditions. credit expired，we no refuse documents"（依据原信用证的条款，该信用证已过期，我行不能受理单据）。

要识别这种隐性软条款，有以下方法：第一，警惕合同履行过程中的信用证修改要求。由于信用证是基于主合同开立的，因此合同履行阶段如果出现了合同修改，那么信用证修改应该是随之而行。如果卖方在合同订立之后履行之前收到信用证修改要求，是可以根据实际情况修改信用证的。但如果合同已经开始履行，则需要非常小心。因为一些履行合同的行为是不可逆的。例如，案例一中韩国 K 公司要求一次性装运，这需要在所有货物备齐之后再开始装运。在原定数量的货物已经完成装运，且船期临近的时候要求追加货物数量，且又要做到一次性装运，这样的要求在实务上是做不到的。因此，在已经进入合同履行阶段之后收到信用证修改要求的，需要仔细核对这样的要求是否会影响相符交单。

第二，对不合常理的信用证修改要求要警惕。虽然信用证在理论上独立于主合同，但它仍然是为了主合同的履行而存在，所以提出对权利与义务没有影响的信用证条款修改要求其实并不合理。例如，案例二中英国×公司提出的两项修改，一是推迟信用证有效期与最终交货日期，这样的修改对卖方是有利的，但问题就在于为何买方要在交易中提出一项对自己无益而对对方有益的合同修改？二是修改受益人，这样的修改对买卖双方来说并没有任何实质性意义。买方提出这样无意义的信用证条款修改要求其本身的动机就值得怀疑。因此，卖方收到目的不明确的信用证修改要求后要谨慎对待。

隐性软条款在信用证修改的过程中产生，因而很难对信用证软条款进行合理分类。倘若当事人经验不足，极易陷入隐性软条款的陷阱。为避免隐性软条款的产生，当事人需要谨慎选择交易对象，并在信用证交易时选择接受信用度较高的银行所开立的信用证。

另外，当收到信用证条款修改要求的时候，应该先判断修改后的条款是否会给交易带来实质性影响，如果修改并不改变原条款的实质，则应考虑拒绝修改要求，并要求对方订立新的合同。例如，案例一中A公司继续执行原合同，并与K公司重新订立一份数量相同的销售合同，则可以完全避免最后的问题。

最后，对于目的不明的信用证条款修改要求应该果断拒绝。需要明确的是，买卖双方之间提出任何要求，其根本目的都应该是顺利完成交易，如果卖方收到的修改要求不足以证明这一点，对修改要求则不应该接受。

第四章　运输、保险合同风险及其管理

结算合同解决了资金转移的问题，货物转移的问题将由运输合同来解决。由于国际贸易的跨关税区特性，货物存在一个跨关税区的移动，在这个长距离的移动中，货物难免存在运损风险。因此，在国际贸易中，运输往往和保险联系到一起。

一、保险合同

国际贸易中的保险合同是服务于主合同的重要附属合同，与信用证一样，它同样是一个独立于主合同的存在。

（一）当事人

前文我们已经就相关的概念做了简要介绍，具体到国际贸易中，投保人与被保险人的贸易术语各有不同。我们以 2020 年版《通则》为例对国际运输段的投保人与被保险人的相关贸易术语进行整理，如表 2.8 所示。

表 2.8　　　　　　　　　不同贸易术语下的投保人与被保险人

贸易术语	投保人	被保险人	备注
EXW	买方	买方	
FCA	买方	买方	
CPT	买方	买方	

续　表

贸易术语	投保人	被保险人	备注
CIP	卖方	买方	最高保费标准投保； 投保人、被保险人分离
DAP	卖方	卖方	
DAT	卖方	卖方	
DDP	卖方	卖方	
FAS	买方	买方	
FOB	买方	买方	
CFR	买方	买方	
CIF	卖方	买方	投保人、被保险人分离

除 CIP、CIF 术语外，其他术语中的投保人与被保险人都是同一当事人。事实上，在除 CIP、CIF 术语外的交易中，买卖双方是否要投保并没有强制规定，所有当事人投保，都是自己作为投保人，为了应对自己的风险而选择的投保行为。例如，在 FOB 术语中，国际运输发生在买方的责任段，如果买方愿意投保，他也是为自己而投保；如果买方认为国际运输中发生事故的概率不大，他完全可以不投保。无论买方是否投保，事故是否发生，都不会影响买方对于货款的支付。又如，在 DAP、DAT、DDP 术语中，国际运输发生在卖方的责任段，如果事故发生造成货物无法安全运至目的地，则属于卖方违约。如果卖方有投保，他可以在赔偿买方之后再让保险公司补偿自己的损失；如果卖方不投保，他将自己承担所有损失。但在 CIP、CIF 术语中则不一样，国际运输发生在买方责任段，但卖方需要投保。此时，卖方的投保行为就是为了保护买方而做出的。因此，如果卖方不投保，损害的将是买方的权利，这是买方不能接受的，这也是 CIP、CIF 术语下卖方必须投保的原因。

另外，根据 2020 年版《通则》的规定，在 CIF 交易中，卖方需要为了买方而投保，却没有规定卖方应购买怎样的保险。出于成本的考虑，卖方通常会选择最便宜的保险条款进行投保。在 CIP 交易中则不同，卖方不仅需要投保，还需要按照最高的保险条款进行投保。

由此我们可以看出，在国际贸易中，保险合同该由谁和保险公司订立，又该如何订立等，都与主合同中贸易术语的选择有关。

（二）保险合同的性质

1. 诺成合同

在法律上，只要投保人与保险公司在意思表示上达成了一致，保险合同即生效。这一点性质和包括主合同在内的一般商业合同大体一致。我们之所以说大体一致，是因为在保险行业的惯例中，保险合同是一种带有实践合同性质的诺成合同。一般的诺成合同，在当事人的意思表示达成一致之时订立，当事人之间的权利与义务随即生效。但在保险合同中，合同虽然在投保人与保险公司意思表示达成一致之时订立，但惯例上，投保人需要在缴纳保费之后保险公司才会开始对风险承担责任。

2. 不要式合同

保险合同没有法定的形式，甚至可以说保险合同没有纸质的合同书。在大多数情况下，投保人可以得到一份由保险公司签发的保单（insurance policy）或者保险证明（insurance certificate），但无论是保单还是保险证明，它们都只是保险合同关系的证明，而不是合同书。

3. 附和合同

附和合同是一种合同订立的形式。订立合同的时候，一方当事人会提出自己的合同订立条件，而相对当事人选择同意或者不同意。附和合同的订立缺少了当事人的协商过程。在保险合同中，通常情况下保险公司会给出不同的保险条款供投保人选择，投保人可以从不同的保险条款中选择最适合自己交易实际情况的。但保险公司通常不会接受投保人重新起草保险条款的请求。

4. 射幸合同

这恐怕是保险合同和主合同最大的一个区别。所谓射幸合同，是指投保人向保险公司支付保费所换来的，是一个"可以获得补偿的机会"。如果说销售合同的买方支付货款购买到了确确实实的货物，那么在保险合同中，投保人支付保费，他不仅不能确定自己是否能得到补偿，甚至不希望自己得到补偿，因为补偿是以发生保险事故为前提的。

5. 善意合同

理论上讲，所有的商业合同都应该基于诚实信用的原则订立，也就是说所有的商业合同都应该是善意的，但保险合同较其他商业合同更强调善意的重要性。因为在保险合同中存在明显的信息不对称问题，货物的真实状况如何，在运输过程中是否发生了变化，对于这些信息投保人要比保险公司更加了解。因此，保险合同中要求的善意，更多的是要求投保人真诚地将货物的真实信息告知保险公司。

（三）保险合同与其他合同的关系

在国际贸易中，保险合同与主合同以及运输合同之间存在密切关系。

1. 保险合同与主合同

保险合同虽然在法律上与主合同相互独立，但主合同中的各种条款会影响保险合同的订立，主要表现为买卖双方在主合同中对于贸易术语的选择可以决定投保人与被保险人，也会决定保险条款的选择。因此，在国际贸易中，买卖双方要充分保护自己在保险合同中的权利，这个过程需要从主合同订立之时开始。

同时，主合同还可以对保险合同的保险区间产生影响，这也是通过贸易术语来影响的。例如，在 F 组术语①中，货物在被承运人接收、送达船边、完成装船之后，风险转移给买方，那么当买方对国际运输过程中的风险进行投保时，就忽略了货物从卖方工厂到风险转移之前的风险问题，因为这一段的运输不在保险区间内。相反，在 E 组、D 组术语中，由于单一的责任人负责国际运输，其承担全过程的风险，如果当事人选择投保，则可以将仓库对仓

---

① F 组术语严格意义上说是一个不准确的说法。从 2010 年版《通则》开始，国际商会就修改了贸易术语的分组方式，从原来的按首字母分组，修改为按运输方式分组，即从原来的 E、F、C、D 共 4 组修改为不限运输方式组、海运及内河水运组两组。因此，严格地说，在 2010 年之后贸易术语就不存在所谓的 F 组了。但在实务中，这样的称谓仍然存在。

库的全过程纳入保险区间。

2. 保险合同与运输合同

除主合同外，保险合同与运输合同之间也存在一定的关系。因为在国际贸易中，保险合同处理的风险问题正是运输过程中货物可能出现的运损问题。根据运输合同的有关规定，在国际运输过程中如果发生事故，会影响到货主、承运人、保险公司的根本利益。试想，如果承运人在运输过程中存在违反运输合同的行为，那么承运人需要对货主承担赔偿责任。但如果事故属于保险公司承保的风险造成的，那么保险公司还需要承担补偿责任。换句话说，在国际运输过程中发生风险，可能存在承运人与保险公司共同承担责任的情形。

由于保险遵循"实际损失补偿原则"，即使承运人与保险公司共同承担事故责任，赔偿与补偿的总额也不会超过货物的实际损失。实践中，货主可以直接向保险公司要求补偿，保险公司再以代位①的形式向承运人进行追偿。另外，当前国际运输涉及《海牙规则》《海牙维斯比规则》，在这些规则下，承运人只会承担有限的事故赔偿责任，这导致保险合同中所约定的风险承担范围往往要大于运输合同中承运人的赔偿限度。在这种情况下，当事故发生时，让货主、承运人、保险公司三家进行赔偿或补偿比例的协商是一种低效的处理方法。对货主而言，选择代位是最为合理的做法。在现在的保险合同中，代位也是保险公司所提供的基本服务之一。

二、保险风险

在本书第一篇中，我们简单讨论过保险问题，且已经知道保险是用来管理风险的。那么，在运输过程中究竟有哪些风险需要管理？

---

① 代位是指债权人从债务人以外的第三方获取债务的偿付时，将对债务人的权利转让给第三方的法律概念。在国际贸易的保险中，事故是承运人的过失造成的，因此承运人应该承担赔偿责任。在这种情况下，货主可以先让保险公司对自己的损失进行补偿，然后货主将对承运人的赔偿请求权转让给保险公司。

（一）海上风险

根据英国伦敦保险协会给出的定义，国际运输中的保险——海上保险[1]可以分为以下种类。

第一，海上固有风险。这是从事海上运输事业所要面对的自然风险，包括船舶的触礁、沉没、冲撞，以及恶劣气候等。

第二，海上风险。这是在从事海上事业过程中，由参与者人为过失带来的风险，包括因疏忽大意而引发的火灾、海盗袭击等。

第三，战争风险。这是由国家或地区间发生军事冲突给航海事业带来的风险，包括被袭击、被劫持、被扣留等。

对于上述风险，买卖双方需要管理，但不意味着所有风险都可以交给保险公司来处理。从保险公司是否承保的角度看，海上风险可以划分为保险公司负责的承保风险，以及保险公司无须负责的免责风险。

至于哪些风险属于承保风险，这不是一个有固定答案的问题。在实际的保险合同中，风险是属于承保还是免责，要由保险条款来决定。一般情况下，保险条款会用两种形式来规定风险的属性，第一种是正面清单方式：保险公司会在保单中明示所有负责的风险，并承诺对所明示的风险造成的损失承担补偿责任，如果损失由其他风险造成，那么保险公司免责；第二种是负面清单方式：保险公司会在保单中列明自己免责的风险，而对那些没有被列出的风险所造成的损失，保险公司都要承担补偿责任。当然，买卖双方可以根据运输过程中存在风险的实际情况选择合适的保险条款，将运输过程中的绝大多数风险转嫁给保险公司。

---

[1] 从古至今，海运一直是国际贸易中最重要的运输方式。如今公路运输、轨道运输、航空运输以及多式联运已经非常发达，但仍然没有改变以海运为主的局面。因此，在国际运输保险兴起的早期，业界就有了海上保险（marine insurance）的称谓。虽然如今的国际运输已经不限于海运，国际运输保险的服务对象也不再限于海运当事人，但海上保险的专业用语仍然在使用。

（二）损失

风险未必会带来确定的损失。事实上，买卖双方真正关心的是损失的方式。那么，国际运输中存在哪些形式的损失？具体可以分为以下几类。

1. 标的物损失

这是国际运输中最常见的，也是和买卖双方直接相关的损失。其通常是指货物在运输过程中全部或者部分丢失或损坏，根据货物丢失或损坏的程度又可以分为全损或者部分损失。

所谓全损，是指货物达到了完全"不存在"的状态，且这种状态是不可修复的。事实上，发生真正全损的概率比较小。但如果货物在运输过程中造成了一定的损失，虽然可以修复，但修复的费用接近甚至超过了货物本身的价值，以至于失去了修复的必要，我们依然可以将这种损失视为全损，称为"推定全损"。

所谓部分损失，是指货物的一部分被丢失或损坏，此时货物是可以修复的，也具有修复的可能性。部分损失也可以分为两种：一种是如果货物在运输过程中遭到损失，只影响了具体的货主，且与其他货主无关，则这种损失被称为"单独海损"。发生单独海损的时候，如果货主有投保，且造成损失的风险恰好属于承保风险，则损失由保险公司承担，否则由货主自行承担。另一种部分损失，虽然只影响了具体货主，但这个损失的发生是为了防止更大的损失发生，那么损失则需要由获益的所有货主共同承担。例如，货物在运输过程中遭遇极端天气，为了防止沉没，船长下令抛弃部分货物，被抛弃货物的货主受到了直接损失，但这种损失是挽救其他货主货物造成的，损失自然也需要由所有货主一起来承担，这种损失被称为"共同海损"。

2. 费用损失

费用损失是指在发生事故之后，为了对事故进行救援或处理，以及防止事故造成的损失进一步扩大而支出的费用；同时，也包括在事故发生之前，预防事故发生或预防事故损失扩大而支出的费用。费用损失也被认为是一种部分损失，其中包括三种形态：一是救助费。救助费是指事故发生之后，受救助的一方向救援者支付的费用。由于救援行为具有明显的抑制事故扩大的性质，在实务处理中，这部分费用通常按照共同海损处理。二是损失扩大防止费用。这是指事故发生之后，被保险人为了遏制损失进一步扩大所采取必要措施的费用。事实上，在已经投保的情况下，被保险人在事故发生之后对于损失扩大的遏制，实际上维护的是保险人的利益，保险人对这种费用支出自然是希望看到的。实务中，损失扩大防止费用被当作单独海损处理。三是特殊费用。这种特殊费用并没有一个较为明确的定义。一般认为是保险索赔金额中除去共同海损以及救助费外的其他费用。

3. 责任损失

责任损失通常是指冲撞责任损失。船舶在航海过程中，有时也会因为船员的失误或其他外部原因导致船舶之间发生冲撞，进而导致船舶出现损失以及船舶所搭载的货物发生损失。如果船舶自身有投保，保险人会对对方船舶及对方船舶上搭载的货物损失进行补偿。这就类似于道路交通中"三者险"的概念。

阅读材料

"今天收到了长荣公司发过来的'共同海损'邮件，我们第一时间发给了公司代理的 5 个货柜的货主，他们要填写共同海损的表格，后续支付现金担保，才可能将货物提取出来交给收货人。"4 月 6 日，深圳博达捷运物流有限公司业务经理黎晓锋向记者介绍了"长赐"号货轮的最新情况。

3 月 30 日，《深圳商报》刊登《长赐号动了，苏伊士通了》，横卡在苏伊士运河的"长赐"号上，装载有来自深圳盐田港的 3000 多个标准集装箱。不过，就在全球为苏伊士运河恢复通航而欢呼的同时，"长赐"号则被要求停留在大苦湖接受调查，并面临预计 10 亿美元的索赔。4 月 1 日，"长赐"号日本船东正荣汽船宣布共同海损，这意味着所有货物利益方将被要求在货物交付之前提供共同海损担保。黎晓锋表示，这也意味着 3000 多个来自盐田港的集装箱货主将面临共同海损。

共同海损（以下简称"共损"）作为一种古老的海事法律制度，就是受益方一起分摊为大家的共同利益而遭受的损失。根据该制度，正常的共损分摊流程包括：宣布共损、与货方取得联系、交货前取得担保、评估各方分摊价值、理算、向各方获取分摊等。如果相关分摊方有任何不配合，每一个环节都可能出现各种情况。尤其像集装箱船，通常货主众多，要完成上述环节甚至要花费好几年时间。

记者了解到，2018年3月6日也发生了类似宣布共同海损的事件，马士基航运旗下的"马士基浩南"轮发生严重火灾。在宣布共同海损之后，理算人将救助保证金定为货物价值的42.5%，并将11.5%作为共损保证金——这意味着货物价值10万美元的托运人需要支付总计54000美元的保证金才能卸货。

"虽然今天公司才收到函件，共损现金担保额度和后续的共损保证金也未确定，但损失在'长赐'号卡住苏伊士运河的那一刻就已经开始，现在则加重了。"黎晓锋告诉记者，国际海运充满风险，除自然灾害、意外事故外，还有到港滞留的风险，包括收货公司倒闭、货物到港被海关查验扣留，以及货物抵达后发生遗失、被抢等突发状况，这些都会给货主和货代人带来经济损失。（资料来源："读创"百家号，有删改）

另外，在航海事业中还存在如费用损失、冲撞造成的损失等其他损失，但这些大多是物流公司关心的问题，在这里就不做细致讨论了。

三、保险条款

保险合同的附和合同性质，让货主失去了与保险公司谈判的基础。对于货主而言，只能是保险公司给出条件，自己选择同意或不同意而已。在这种情况下，我们可能会产生一个疑问：保险公司是追求盈利的商业公司，它会给出公平的条件吗？这个问题确实存在。为保证保险合同的公平性，保持行业自律具有非常重要的意义。在这方面，英国伦敦保险协会走在了世界的前列，其根据国际贸易中对于保险的需求，指定了一系列保险条款，这些保险条款大体维护了投保人与保险公司之间的公平，被世界各个国家的保险公司所采纳。

（一）保险条款基础

国际贸易保险合同是一种附和合同，其合同条款由保险公司单方面制定。虽然如此，保险公司并不会单纯按照自己的意愿去订立合同，当前海上保险合同中的保险条款其实是在长时间的实践中形成的一种惯例。从历史沿革来看，当前海上保险条款来源于英国的劳合社（Lloyd's），劳合社是英国的一个保险经纪人组织，该组织在1779年为海上保险制定了标准的合同条款，自此海上保险合同的条款制定就有了一个基本的准则。1912年英国伦敦保险协会制定了平安险条款，1921年该协会进一步制定了水渍险条款，1951年制定了全险条款。由于英国在国际贸易及航海上具有领先地位，英国伦敦保险协会制定的这些标准保险条款也成为全世界海上保险的标准。之后，英国伦敦保险协会制定了ICC（A）、ICC（B）、ICC（C）三个全新的保险条款。从海上保险实践来看，"平安险、水渍险、全险"体系（以下简称"旧条款"）与"ICC（A）、ICC（B）、ICC（C）"体系（以下简称"新条款"）处于并存的状态，保险公司提供的海上保险合同会提供上述两个体系中的6种选择，由于这6种保险条款的保费差异较大，投保人会视具体情况进行选择。表2.9是英国伦敦保险协会新旧海上保险条款在保单内容上的对比。

表2.9　　　　英国伦敦保险协会新旧海上保险条款的内容对比

旧保险条款	新保险条款
第1条 运输条款	第8条 运输条款
第2条 航海终结条款	第9条 运输合同终止条款
第2条 驳船条款	无对应条款
第4条 航海变更条款	第10条 航海变更条款
第5条 保险条款 　平安险 　水渍险 　全险	第1条 保险条款 　ICC（A） 　ICC（B） 　ICC（C）

旧保险条款	新保险条款
第6条 推定全损条款	第13条 推定全损条款
第7条 共同海损条款	第2条 共同海损条款
第8条 适航性保证条款	第5条 不耐航·不适航免责条款
第9条 受托人条款	第16条 被保险人义务条款
第10条 无受益条款	第15条 无受益条款
第11条 双方过失冲撞条款	第3条 双方过失冲撞条款
第12条 劫持不承保条款	第6条 战争行为免责条款
第13条 罢工、暴动不承保条款	第7条 罢工免责条款
第14条 合理速办条款	第18条 合理速办条款
无对应条款	第4条 一般免责条款
	第11条 保险利益条款
	第12条 续运费条款
	第14条 增加价值条款
	第17条 弃权条款

（二）旧条款

从1921年到1963年，英国伦敦保险协会与劳合社就以海上运输的风险为中心，制定了相关的国际运输保险合同条款。在惯例上，我们将其称为"旧条款"。需要注意的是，其部分条款被我国保险公司广泛采纳，值得我们予以关注。旧条款将国际运输过程中存在的风险与损失分为以下13类。

第一类：全损（包括实际全损与推定全损）；

第二类：共同海损；

第三类：费用损失；

第四类：触礁、沉没、火灾造成的单独海损；

第五类：装运、转运、卸货过程造成的单位全损[①]；

---

① 单位全损是指货物可以分割为多个独立个体时，其中部分独立个体发生的完全损失。在这种情况下，对于独立个体而言属于全损，但对整体货物而言仍然属于部分损失。

第六类：火灾、爆炸、冲撞造成的紧急避难港卸货过程中的损坏；

第七类：除第四、五、六类外的单独海损；

第八类：恶劣气候造成的海水浸泡；

第九类：所有由外部的、偶发性风险造成的货物损坏；

第十类：投保人与被保险人故意的、非法的行为造成的货物损坏；

第十一类：货物固有缺陷或性质，以及运输迟延造成的货物损坏；

第十二类：非风险造成的货物损坏；

第十三类：战争、暴动、罢工造成的货物损坏。

根据上述风险与损失分类，英国伦敦保险协会制定了三种保险条款。

①平安险条款（free from particular average）。从其英文名称可以看出，其本意是指"保险公司不对部分损失负责"。但要注意，这里的"部分损失"并不是所有的部分损失，而是指保险公司不对一些特定的单独海损负责。根据英国伦敦保险协会的规定，投保平安险，在保险合同中记为"FPA"，保险公司将负责风险与损失分类的第一类到第六类。

②水渍险条款（with average/with particular average）。从其英文名称可以看出，其本意是指"保险公司对部分损失负责"。但在保险实践中，水渍险在保险合同中被记为"WA"或"WPA"，保险公司负责范围并没有涵盖所有的部分损失，特别是，在实务中水渍险通常设定一个比例，当货物发生单独海损但不到设定的比例时，保险公司可以免责，当单独海损超过了这一比例时，保险公司要对单独海损做出 100% 补偿。例如，保险合同中标记为"WA"3% 时，当货物发生单独海损，但损害程度不足货物价值的 3% 时，保险公司无须承担补偿责任；只有当损害程度超过 3% 时，保险公司才需要进行 100% 的补偿。作为平安险之上的一种保险条款，水渍险要求保险公司在平安险承保范围的基础上，额外对第七类、第八类两项风险与损失负责。

③全险条款（all risks）。从字面上理解，全险意味着保险公司要对全部风险与损失负责，但事实上并非如此。即使在全险合同中，保险公司也具有免责条款。在上述风险与损失分类中，第十类是由投保人与被保险人的违法行为所致，保险公司应不承担责任；第十一类是不可避免的损失，保险公司

也不应该承担补偿责任；第十二类为非风险所致损失，保险公司自然也不应该承担责任；第十三类属于不可抗力范畴，不应该在一般保险条款中得到保护。因此，所谓的全险条款，其实是保险公司对除第十类到第十三类风险外的其他风险负责的保险条款。

（三）新条款

新条款是英国伦敦保险协会在 1982 年对旧条款进行修订后的版本，虽然新旧条款之间存在一定的对应关系，但规定承保风险的逻辑是不同的。在新条款的体系下，风险与损失被分为以下 3 类。

第一类，由下列风险造成的货物损坏或丢失：火灾与地震；船舶或驳船的触礁、搁浅、沉没、倾覆；陆路运输工具的倾覆；交通工具与其他物体的冲撞与接触；避难港卸货；地震、火山爆发、雷击。

第二类，由下列原因造成的货物损坏或丢失：共同海损；丢弃或波浪扫落（海上波浪造成货物从甲板上丢失）。

第三类，在装船或卸货过程中，货物从船舶或驳船上落入海中，或掉落在甲板上导致的单位全损。

根据上述风险与损失分类方法，新条款共设计了 3 种不同的保险条款。

1. ICC（C）

ICC（C）对应旧条款中的平安险条款，是新条款中承保范围最小的保险条款。ICC（C）采用了正面清单（列举主义）的原则，将需要保险公司负责的风险一一列出，对其他风险采取了保险公司免责的方式。具体来讲，在 ICC（C）保险条款下，保险公司需要对上述第一和第二类风险与损失负责。

2. ICC（B）

与 ICC（C）一样采取了正面清单的方式。与 ICC（C）相比，在 ICC（B）中保险公司需要承担更多的责任。具体来讲，投保人在 ICC（B）条款下投保，保险公司需要在 ICC（C）的基础上对第三类风险与损失负责。

3. ICC（A）

ICC（A）与 ICC（B）、ICC（C）的逻辑截然不同，ICC（A）采取了负

面清单（概括主义）的原则，即列举了保险公司的免责条款，除被列举的免责条款外，保险公司需要对其他所有类型的风险与损失承担补偿责任。在ICC（A）中列举的保险公司免责条款主要有四类：第一类，被保险人或受益人由于过失造成的损失；第二类，交通工具本身存在的适航性与耐航性问题造成的损失；第三类，战争风险造成的损失；第四类，罢工造成的损失。这四类免责条款与旧条款中的保险公司免责条款大体一致。

（四）保险实务启示

需要注意的是，在当前的国际贸易保险实务中，新旧条款是同时存在的。在不同的保险条款中，保险公司所负责任越大，对应的保费也就越高。因此，并不存在保险公司承担更多的责任，买卖双方就能更安全的说法。买卖双方无论谁成为投保人，都需要在履行自己法定义务的前提下，在风险与成本之间做出平衡。

要使用恰当的保险条款，需要注意以下几个问题：第一，交易所采取的运输方式。虽然国际贸易保险起源于航海事业保险，至今也保留了海上保险的称谓，但在今天的国际贸易中，运输方式呈现多元化趋势，特别是集装箱运输，让"门对门"的多式联运成为可能。不同的运输方式所面临的风险截然不同，这就要求当事人选择不同的保险条款。例如，如果货物体积小、重量轻、附加值高，那么在国际运输方式的选择上，大概率会选择空运。在这种情况下，即使货物损坏会造成巨大的经济损失，由于航空运输的安全性较高，仍然可以选择一些较为便宜的保险条款进行投保。相反，如果运输过程较为复杂，甚至涉及多次转运，那么就必须考虑到货物在装卸过程中可能出现的损坏，保险公司对单独海损不能完全负责的FPA保险条款虽然便宜，但并不适合。

第二，运输途经的地方。同样的运输方式与运输距离，途经的地区不一样，面临的风险也会完全不同。例如，从韩国釜山港到中国香港的海运，船舶基本是沿中国海岸线航行，在非台风时期，这样的路线通常不会有大的问题。但如果是北非地区的沿岸航行，恐怕当事人就需要采取措施以应对海盗侵扰了。由于海盗袭击造成的货物损坏不在一般条款中，所以当事人除正常选择保险条款投保外，还需购买单独的附加险。

第三，不要让商业惯例影响保险条款的选择。在上文中我们已经谈到，只有在 CIF、CIP 术语下的交易，保险才是必需的。但绝不是说只有 CIF、CIP 术语下的交易才能投保，或者说只有 CIF、CIP 术语下的交易才值得去投保。无论选择何种商业惯例，保险都是非常重要的，这种风险管理意识是一个成熟商人应该具有的基本素质。另外，在 2020 年版《通则》以前版本的 CIF、CIP 交易中，卖方通常只会为货物购买最便宜的保险，这是基于卖方利益形成的一种商业惯例。如果买方认为交易的风险较大，那就应该在主合同条款的协商过程中就保险条款的选择提出自己的要求；如果使用 2020 年版《通则》中的 CIP 术语进行交易，卖方将以最高保费标准投保。但需要注意的是，高保费推高的成本，最终会反映到货物的价格中来，如果买方认为运输过程中相对安全，则需要在主合同条款协商时，提出修改保险条款的要求，以此降低自己的成本。

第三篇
经营风险及其管理

第一章　经营风险概念

（一）企业管理

经营风险来源于企业管理，所谓企业管理，通常被定义为对企业的经营活动进行计划、组织、指挥、协调、控制的一种过程。由于企业是追求经济利益的个体，那么可以认为企业管理的核心就是实现企业对于经济利益的追求。由于企业的经济利益（利润）是收入减去成本所余下的部分（见图3.1），那么对企业管理更为直接的理解就是一系列追求增加收入和减少成本的活动。

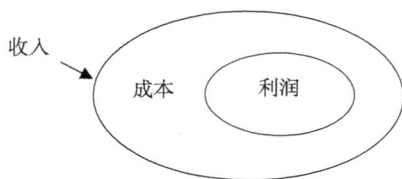

图3.1　收入、成本、利润的关系

按照上述理论，如果把企业管理活动的细节按照目的分类，可以分为增加收入的措施和减少成本的活动。

1. 销售及其促进活动

这一类企业管理活动是最常见的增加收入活动，主要可以分为两个细分类：一是提高货物的单价；二是增加货物的销售数量。在提高单价时，企业要维持销售总量，或不至于让销售总量下跌太多影响企业利润。通常一些具有奢侈品属性的货物会采取这种手段来提高企业收入。对于增加货物的销售数量，一方面可以通过扩大宣传，让消费者更清楚地了解到货物的优点，从而增加销售数量。当然，也可以采取适当降价、打折等方式来增加货物销售数量。需要注意的是，宣传需要成本，降价或打折销售也会使单位货物的收入减少，因而采取这样的措施时要注意度的问题，否则无法起到增加利润的效果。

2. 市场开拓活动

在众多市场开拓活动中，既有提高收入的活动，也有降低成本的活动。例如，开拓一个原本没有的市场，这就是典型的增加收入的企业活动。通过扩大企业的客户来源，更多的消费者来购买企业的产品，从而达到提高收入的目的。但在开拓全新市场的过程中，由于不同市场具有不同的消费者偏好，盲目地开拓市场不一定能增加货物的销售数量。

3. 企业内部活动

企业内部活动可能包括人力资源、财务、内部控制、技术研发等活动。大部分看上去都像是降低成本的活动，因为这些活动本身并不能直接带来收入。但如果我们对此进行探究，会发现这些并不属于生产或者销售的企业内部活动，可能会带来更多的收益。比如，研发出更优的产品，能够得到更多消费者的认可。

事实上，企业为了达到其经营的目的，无论是增加收入还是减少成本都是不可或缺的一环。这一思想早在 1985 年就由美国哈佛大学教授迈克尔·波特总结为价值链理论，即企业经营过程中的活动，无论是直接服务于生产和销售的，还是内部管理的，都是为最终的利润产生服务的，缺少其中任何一环都会对最终利润的产生带来负面影响。

（二）国际贸易中的企业管理

国际贸易这一经济活动只是从事国际贸易的企业的一项正常企业经营活动，理论上讲与一般的企业经营活动没有本质上的区别。但国际贸易跨关税区的性质，使国际贸易企业在管理上与一般企业有所不同，主要体现在以下三个方面。

1. 销售及其促进过程中的国际因素

根据市场营销组合理论，目标市场的环境形成了对销售的约束。简单来讲，面对不同目标市场时，所采取的销售及其促进手段是完全不同的，如果错误选择销售及其促进手段，对企业来讲是无法增加收入的，甚至会产生负面效果。单纯国内交易由于目标市场单一，且企业长期处于目标市场之中，通常不会考虑所谓目标市场的环境约束，但如果企业要从事国际贸易，那情况就完全不一样了。

阅读材料

2003 年 11 月，日本丰田公司刊登在《汽车之友》第 12 期杂志上的"丰田霸道"广告引起争议：一辆"霸道"汽车停在两只石狮子之前，一只石狮子抬起右爪做敬礼状，另一只石狮子向下俯首，背景为高楼大厦，配图广告语为"霸道，你不得不尊敬"。石狮子有象征中国的意味，"丰田霸道"广告却让它们向一辆日本品牌的汽车"敬礼""鞠躬"。

丰田汽车在全世界都具有很好的口碑。"霸道"作为丰田公司生产的一款高品质越野车，凭借其良好的性能与优良的品质应该能有较好的销量。但在中国市场进行广告投放时，却没有考虑到二战时期日本军国主义给中国人民带来的沉重灾难。这则广告发布之后受到中国网友的广泛批评，为此，丰田公司一方面为广告引起的争议道歉，另一方面将"霸道"越野车更名为"普拉多"，以消除影响。（资料来源：易车网，有删改）

2. 市场开拓活动中的国际因素

与销售及其促进过程中考虑的国际因素一样，国际贸易中的跨关税区也会带来环境制约问题。在不考虑环境制约因素的情况下进行市场开拓，其结果只能是浪费更多的资源。

阅读材料

捷尼赛思为何在中国市场不温不火？

捷尼赛思（Genesis）是韩国现代汽车集团旗下的子品牌，定位为豪华汽车。现代汽车集团特别使用《圣经》中《创世纪》的英文"Genesis"为其命名，期待其能开启现代汽车集团的豪华汽车时代。捷尼赛思汽车在韩国本土及北美市场均有很好销量，并得到汽车专业评价机构的高度赞赏。但捷尼赛思汽车在进入中国市场后，并没有得到中国消费者的认可。大部分中国消费者都没有听说过捷尼赛思汽车，街道上也几乎见不到捷尼赛思汽车的身影。

究其原因，是因为现代汽车集团对中国消费者没有形成正确认识。虽然现代汽车集团是世界销量第四的汽车生产商，在汽车研发与制造领域积累了大量技术专利，但现代汽车集团最开始是以平价汽车的形象进入中国市场的，且韩国的汽车工业并没有给中国消费者留下类似德国汽车一样的高端形象。即便是捷尼赛思汽车本身具有高端汽车的质量与性能，中国消费者也不会去花豪华汽车的钱去购买一个不具有豪华汽车形象的韩国汽车。在已经树立平价汽车形象的前提下去销售豪华汽车，忽略了汽车除行驶之外还具有的身份认同属性，这是现代汽车集团在中国市场上犯的最大错误。（资料来源：《朝鲜时报》，有删改）

3. 企业内部活动的国际因素

销售及其促进、市场开拓等企业外部活动更容易受到目的地市场的环境约束，企业的内部活动也会受国际因素影响。比如，某企业在海外设立了法人，那么海外法人对于经济往来的会计处理就必须遵循当地会计准则。又如，在国际化经营的过程中，企业的融资不再仅局限于简单的国内金融市场，国际金融市场的开放让企业在拥有新的融资途径的同时，承担了更高的金融风险。另外，企业在从事国际业务之后，可能涉及本地用人的问题，那么人力资源管理方面也会变得更为复杂。

（三）国际贸易中的经营风险

从字面理解，经营风险是企业在进行经营管理过程中出现的带来损失的可能性。与商务风险一样，经营风险在大多数情况下符合我们日常生活中对于风险的理解，即经营风险一旦发生，其带来的是一种确确实实的损失，而非一种不确定性。

事实上，无论企业是否要从事国际贸易，经营风险是一定存在的。那么，企业在从事国际贸易之后，其经营风险为何需要特别讨论？这是因为国际贸易的跨关税区性质会给企业的经营管理带来额外的风险，这些风险主要分为以下四种。

1. 政治风险

对于从事国际贸易的企业而言，经营业务一旦涉及跨境，就不得不受其他国家政治环境的影响。另外，理论上讲经贸活动属于私人领域活动，不应该受到国与国官方关系的影响，但在现实中，两国的政治关系一旦出现纠纷，处于私人领域的企业也难以完全置身事外。需要注意的是，相对于具有公权力的政府，私人领域的企业处于绝对的弱势，当政治方面出现问题的时候，企业根本无法逃避。因此，政治风险往往是企业在从事国际贸易相关业务之后需要面对的最大风险。

2. 经济风险

企业只有了解其他国家的经济政策，才能预知其他国家的经济走向。一个国家的经济走向虽然可以通过 GDP、CPI、利率水平等因素进行观察，但这些数据多数属于滞后数据，企业在大多数情况下只能被动接受经济走向的变化。企业一旦开始了国际贸易业务，就必须要被动接受其他国家经济走向变化带来的影响，且这种影响会随着国际贸易业务规模的扩大而扩大。

3. 社会风险

社会风险与社会风俗、民间习俗、宗教信仰等因素相关。在从事国际贸易以前，企业只需要了解本国的情况，而在本国环境下成长起来的企业，对本国的社会风俗等自然是较为了解的。但开始从事国际贸易之后，所要面对的社会环境就复杂起来，企业未必对这种社会风险有提前认知。如果企业完全按照本国经营方式进行企业管理，那么极有可能出现与所在地风俗相冲突的情况，进而带来风险。

4. 技术风险

一般情况下我们会认为技术是企业的内部力量，受国际因素影响相对较小。但事实上，如今的企业很少进行全产业链布局，通过全球供应链来补齐自身产业链的不足成为一种必然选择，而不同地区的供应链基础完全不同。因此，技术风险给企业经营管理带来的影响也许不大，但对于企业选择在哪一国开展国际贸易仍然具有重要的决定作用。

由此得出，企业在从事国际贸易业务时，不得不面对其他关税区在政治、经济、社会、技术方面的不可控因素，从而导致经营管理的难度增大，这就是国际贸易中的经营风险。这种风险随着国际贸易的深入而加大。具体来讲，国际贸易可以由浅入深地分为"进出口—委托当地生产—合资生产—直接投资生产"。可以看出，随着深入水平的提高，企业在国外的投入会更多，与当地的结合也会更深，自然会受到国外更多的影响，承担更大的风险。

（四）企业承担经营风险的动因

通过上文我们可以了解到，企业的任何经营活动都会有风险。同时，由于国际贸易的跨关税区性质，企业在开始从事国际贸易之后，所要面临的风险会随着贸易的深入而加大。那么，这里就存在一个问题：企业为什么愿意承担较大风险去深入开展国际贸易呢？这是因为深入开展国际贸易能带来企业利润的增加。

在单纯进出口阶段，企业通过向其他国家的消费者销售货物，能够扩大市场，获得利润。但也要认识到，货物从本国出口到其他国家，一定会带来成本的增加。另外，在本国生产再出口到国外，这容易带来生产的商品不能完全符合国外消费者偏好的问题，从而影响利润最大化的实现。

为了解决此问题，企业可以选择与销售目的国的企业进行合作，在销售目的国当地进行生产。如此一来，既免去了货物跨国运输的成本，又能使生产的商品更贴近销售目的国的消费者,最大限度地满足当地消费者对于商品的需求。

阅读材料

宝马(BMW)是一家总部位于德国巴伐利亚州慕尼黑市的顶级汽车生产企业,其研发生产的3系列、5系列、7系列轿车,以及X系列越野车畅销全球。为满足中国消费者对于高档汽车的需求,宝马与华晨汽车集团合作,在中国设立合资企业——华晨宝马公司,生产3系列、5系列轿车以及部分X系列越野车,在中国销售。在华晨宝马公司设立之后,国产宝马在中国市场逐步替代进口宝马。然而,细心的消费者可以注意到,在同级别汽车中,国产宝马的尺寸要大于进口宝马。以5系列入门级的525轿车为例,国产宝马生产的525汽车长达5087毫米,而进口宝马生产的525汽车只有4954毫米。

之所以会出现这种情况,是因为华晨宝马公司了解到相比标准轴距轿车,中国消费者更喜欢长轴距轿车,但欧美消费者并无此偏好。因此,华晨宝马公司在引入5系列轿车进行生产时,针对中国消费者的喜好对轴距进行了拉长处理,这就造成了国内宝马和进口宝马同样都是5系列轿车,但国内宝马生产的轿车车体更为修长。

事实上,类似的情况还发生在一汽奥迪生产的A4L、A6L,上汽奥迪生产的A7L,北京奔驰生产的C系列、E系列轿车上。有意思的是,在原版汽车基础上进行车身加长的做法,只有工厂设在中国的汽车品牌才会采取。与奔驰、宝马、奥迪同为豪华汽车品牌的丰田雷克萨斯,虽然在中国也具有较高的人气,但由于是日本工厂生产的,就不存在所谓针对中国市场专门设计的情况。(资料来源:作者根据网络信息自行整理)

与当地企业合资生产能减少成本,同时能生产更加符合当地消费者偏好的商品。但这也会带来一个问题,即企业对于目的国合作企业并没有100%的控制权,这种合资的形式会带来技术外泄等一系列风险。如果要避免这类问题,在海外直接投资独立设厂是唯一的选择。但也必须认识到,一旦独立设厂，那么自己将作为外资企业在目的国进行独立经营。企业对国外的法律法规和文化风俗等的不熟悉都会成为问题。

　　由此，企业选择深入开展国际贸易就是为了获得更多的利润，但这同时也会带来更大的风险。当然，收益越高，风险越大，我们甚至可以将国际贸易中的高收益视为对高风险的合理回报。因而，企业应做好风险管理，力求在获得高收益的同时，减少其中的风险。

第二章　企业外部经营管理

如前文所述，销售及其促进过程中和市场开拓活动中的风险其实都与海外环境制约有关。因此，我们可以将这两方面的风险管理合并来论述。

一、国际贸易的顺序

（一）企业国际贸易业务的开展

从管理学案例来看，很少有制造型企业一开始就发展国际贸易业务。这些企业通常是在进行一段时间的国内销售之后，积累了一定的经验，再进军国际市场。对于企业是否要开展国际贸易业务，我们可以从以下四个方面进行决策。

1. 外部环境分析

一个本来从事国内业务的企业要想进军国际贸易市场，它将不得不面对一个与本国完全不同的市场环境。因此，外部环境分析对于企业进军国际贸易市场是一个不可或缺的环节。

2. 内部力量分析

一个企业要在一个全新的业务领域取得成功，除良好的外部环境之外，更重要的是要有巨大的内部力量。我们甚至可以认为，外部环境是一种外生变数，它脱离了企业的控制；而内部力量来自企业的经营管理，是一种内生变数。通过内部力量分析，企业一方面可以了解自己是否有能力抓住外部存在的商业机遇，另一方面也可以了解自己是否能克服外部存在的困难。

这里需要注意，企业在开展国际贸易业务之前，是先进行外部环境分析还是先进行内部力量分析并没有定论。部分企业先看到了外部存在的机会，从而产生了开展国际贸易业务以提高企业利润水平的想法，再进行内部力量分析以确定企业是否具备开展国际贸易业务的能力；而另外一部分企业在日常经营活动中发现企业具有进一步发展的能力，于是再进行外部环境分析以确定当前是否适合开展国际贸易业务。这两种顺序并不存在优劣之分，往往是企业在实际经营活动中根据自身情况来决定的。可以说，外部环境分析和内部力量分析是国际贸易开始的准备阶段，在完成这两步之后，企业就可以正式开展国际贸易业务了。

3. 国际贸易方式的选择

在上一章中我们将企业参与国际贸易的深入水平从低到高分为进出口、委托当地生产、合资生产、直接投资生产。企业在决定开始开展国际贸易业务时，也需要决定以何种方式开展国际贸易业务。我们已经知道，不同的国际贸易方式给企业带来的潜在收益和潜在风险是完全不同的，所以我们不能说哪一种国际贸易形式最好，企业需要根据自己的能力来选择。

4. 国际贸易业务的开展

企业在进行了外部环境以及内部力量分析，也决定了所要选择的国际贸易方式后，就可以在既定的计划下开始开展国际贸易业务。需要特别注意的是，在开展国际贸易业务的过程中企业需要持续关注业务的发展情况，如果发现业务存在问题，就需要及时调整经营战略，在极端情况出现时，也不排除放弃开展国际贸易业务的可能。

（二）开展国际贸易业务前的分析方法

前文我们提到国际贸易中的经营风险可以分为政治风险、经济风险、社会风险、技术风险。实际上，这四种风险来源于 PEST 分析。这一分析方法在企业正式开展国际贸易业务前的可行性分析中十分重要，它直接决定了当前的外部环境是否适合开展国际贸易业务。当然，PEST 分析是一个相对初级的分析，在近年来的研究中，被视为目的国市场法律环境分析的一个追加分析。因此，在最新的外部环境分析工具中，PEST 分析有向 SLEPT 分析转变的趋势。除此之外，对内部力量的分析使用了 SWOT 分析，同时 SWOT 分析中的 OT 分析又与外部环境分析相融合，由此外部环境分析和内部力量分析实现了有机融合。

PEST 分析的四大要素分别为政治、经济、社会、技术，虽然法律环境不是传统 PEST 分析的要素之一，但在学术界最近的研究中，法律环境要素被认为是对企业安全经营有最大影响的要素。这是因为在 WTO 体系下，国民待遇原则被认为是国际经贸活动的基本原则，一国政府出于政治原因针对另一特定国企业，势必会在 WTO 遭到诉讼，也会让本国企业在相对国遭到同等报复待遇。因此，法律环境反而成为影响企业经营的一个重要因素。

一般而言，发达国家在消费者权益保护、知识产权保护等方面要严于发展中国家。可见，企业要进入发达国家市场时，需要具备更多条件和能力。通常情况下，如果企业来自发达国家，它进入发展中国家开展国际贸易业务时，在知识产权、消费者保护、劳动者权益等方面的风险相对较小，反而需要把精力放在应对发展中国家不稳定的法律环境上。相反，如果是发展中国家企业进入发达国家开展国际贸易业务，就需要在知识产权保护、消费者权益保护等方面下功夫了。

另外，不同的法律体系也会影响到企业所面临的法律环境。例如，在普通法体系下，法律以"非成文"的形式存在，在面对具体案件时，过往的判例具有很高的参考价值。因此，在这种体系中企业需要有能力很强的法务人员，以应对可能遭遇的诉讼问题。在民法体系下，法律以"成文法典"形式存在，过往案例没有太大参考价值，但需要企业法务人员仔细研读相关法典。在伊斯兰法体系下，其宗教法律环境与世俗法律环境具有很大不同，企业在开展经营活动时，在融资、销售、营销上都会受到更多限制。

在 SWOT 分析中，整个分析框架通常会被分为 SW 分析（内部分析）与 OT 分析（外部分析）两部分进行。其中，S（Strengths）代表企业所具有的内部优势，这种优势可能来自产品本身，也可能来自企业独特的管理技巧等；与此相对的是 W（Weaknesses），它代表了企业内部存在的弱点，同样可能来自产品本身，也可能来自企业管理上的问题。而外部分析中，O（Opportunities）代表外部环境中存在的机会；T（Threats）代表外部环境中存在的对企业的威胁。在使用 SWOT 分析框架的时候，我们先按照 S、W、O、T 的顺序列出各项要素，再按照 SO、ST、WO、WT 的组合总结出企业需要执行的具体战略（如表 3.1 所示）。在一些初级的分析中，在完成对 S、W、O、T 要素的列举之后，往往忽略对 SO、ST、WO、WT 战略的导出，这是在使用 SWOT 框架进行问题分析时最常见的错误。

表 3.1   SWOT 分析框架

	S	W
O	SO 企业如何利用内部优势抓住外部机会	WO 企业内部存在弱点导致无法抓住外部机会，该如何弥补
T	ST 企业如何利用内部优势应对外部存在的威胁	WT 企业内部存在弱点，外部存在威胁，应该如何应对

需要特别注意的是，SWOT 分析中的外部机会与外部威胁，是指特定目标市场上存在的机会与威胁。换句话说，机会与威胁实际上来源于企业目标市场的政治、经济、社会、技术要素。如此一来，SWOT 分析和 PEST 分析（或者 SLEPT 分析）就形成了一种关联（如图 3.2 所示）。企业在开展国际贸

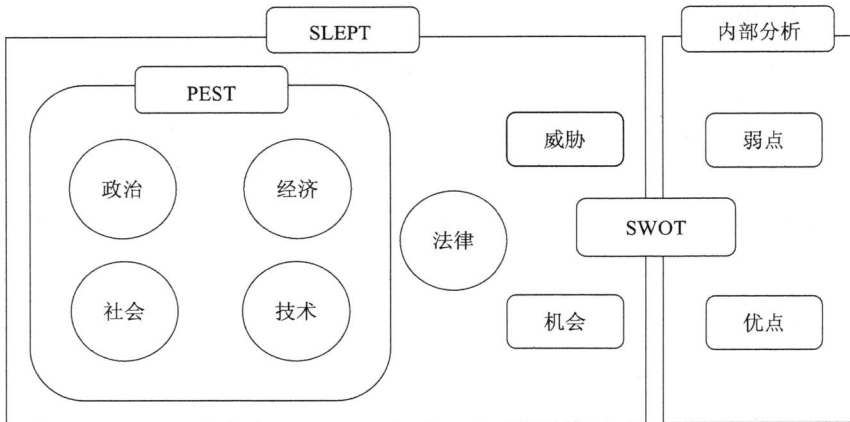

图 3.2   SLEPT 分析与 SWOT 分析的关联

易业务之前，做出一份尽可能完善的 SWOT + SLEPT 分析报告，能有效降低国际贸易业务开展过程中潜在的风险。

二、国际销售的战略与定位

（一）竞争优势

正如我们反复强调的，一个企业选择开展国际贸易业务，是为了更高的收益才去面对更大的风险。企业之所以要做出这样的选择，一定是因为其有一种能应对风险的优势。根据迈克尔·波特的观点，企业开展国际贸易业务时所具有的优势可以分为低价格优势、差异化优势、集中化优势三种。

1. 低价格优势

低价格优势是企业企图利用规模经济理论来拉低单位产品的成本，同时在价格机制的约束下，实现销量最大化的一种战略。由于企业期望得到的是总利润最大化，那么只要产品销售总量足够大，哪怕单位产品所获得的利润偏小，也可以达到最终的经营目的。对于一个企业而言，其开展国际贸易业务的目的就是让国外的消费者也成为自己的顾客，通过增加顾客数量来增加销售总量。当销售总量上升时，单位成本也能够降低。从今天的国际贸易发展来看，绝大多数平价商品其实都是在利用低价格优势在国际贸易中获益。

2. 差异化优势

差异化优势是指企业通过提供差异化的产品或服务，并通过提高产品单价来获得更高收益。对于采取差异化优势策略的企业而言，其提供具有创意的产品与个性化服务，以提高企业的品牌价值才是正确出路。如果说低价格优势是企业追求规模经济的效果，那么采取差异化优势策略的企业则是选择了竞争性垄断。

阅读材料

对于一些企业而言，利润与市场占有率同样重要。因此，有些企业会同时使用低价格优势和差异化优势策略。例如，韩国知名品牌三星（SAMSUNG）旗下的手机产品，一方面通过 Galaxy A 系列的平价手机占有市场，另一方面通过 Galaxy S 系列向市场提供高端商业手机，通过 Galaxy Z 系列向市场提供折叠手机。其中，Galaxy A 系列利用的就是低价格优势，而 Galaxy S 系列和 Galaxy Z 系列利用的则是差异化优势。（资料来源：作者根据网络信息自行整理）

3. 集中化优势

所谓集中化优势，是指企业对于特定细分市场能够集中所有力量进行营销活动的一种优势。这种细分市场可以是低价市场，也可以是差别化的高价市场。我们在市场上可以看到一些只生产高端产品的企业，这些企业从不生产廉价产品，其产品的销售数量也并不高，如江诗丹顿（Vacheron Constantin）腕表、爱马仕（Hermès）皮具等，这些品牌企业在差异化优势的基础上采取了集中化优势策略以扩大优势。相反，我们也可以看到一些主要生产低价商品的企业也在自己的细分领域中取得了巨大的商业成功，如印度塔塔汽车公司虽然生产的汽车属于廉价汽车，但仍然通过高销量获得了丰厚利润，其在市场上可以说是一家非常成功的企业。

另外，很多时候我们会以为在高端细分市场上采取集中化优势策略的企业会更加成功，其实这是一种误解。就以创造利润为目的的企业而言，采取低价格优势策略还是差异化优势策略本质上并没有任何优劣之分。在大多数情况下，一些走平价路线的企业，无论是在企业规模还是在利润总额上，都会高于那些主攻高端市场的企业。企业在开展国际贸易业务时，需要根据自身的产品特性选择优势策略，那些走"中间路线"的企业往往难以取得成功。也就是说，只有选择明确的优势策略，才有利于企业在国际贸易业务中取得成功，那些既不能平价走量，又不能提高单价以获取额外利润的企业，往往会走向失败。这一现象在国际贸易市场中随处可见，并被总结为"本源性优势"策略（见图3.3）。

（二）出口定位

出口定位是企业在完成外部环境和内部力量分析之后，实际开展国际贸易业务的第一个环节。上文中提到，一个企业在商业上的成功与选择走高端路线

经营收益率

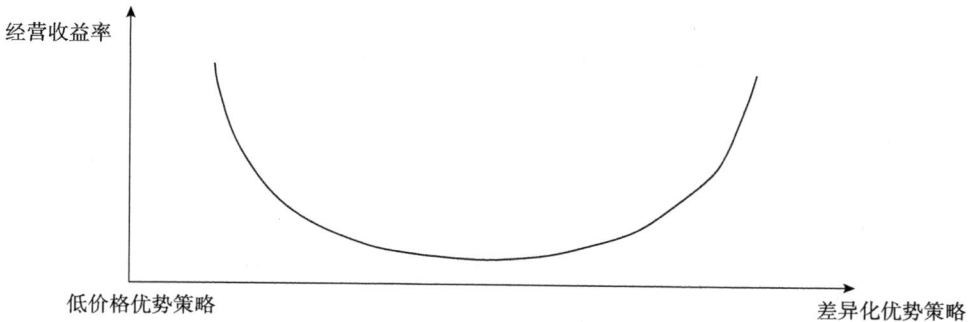

图 3.3　"本源性优势" 策略

低价格优势策略　　　　　　　　　　　　　　　　差异化优势策略

还是平价路线没有关系，只要企业选择的路线与企业内部力量、外部环境相契合即可。那么，企业究竟应该选择哪一条路线，该经历怎样的决策过程？

按照当前营销学所总结的理论，企业对于市场定位通常使用 STP 策略，包括市场细分（Segmentation）、目标市场（Targeting）、市场定位（Positioning）三个步骤。那些对企业具有很强吸引力的海外市场，其吸引力越强，企业开展国际贸易业务的意愿就越强。企业要想进入海外市场，就要先根据外部环境和内部力量选择一个特定的市场位置，这个过程就被称为市场定位。要做好市场定位，企业不仅需要思考产品准备销售给怎样的海外顾客，也要思考企业的产品要与哪些国外产品进行直接或间接的竞争。因此，为了市场定位，企业要先将市场分为若干个小市场，这个过程就被称为市场细分。所以，虽然这一分析框架被称为 STP 策略，但被列在框架中最后的市场定位又在无形地影响着位于首位的市场细分。只有顺利完成 STP 策略的分析，企业才能顺利进入价格管理、流通管理、产品管理等进一步的营销活动（见图 3.4）。

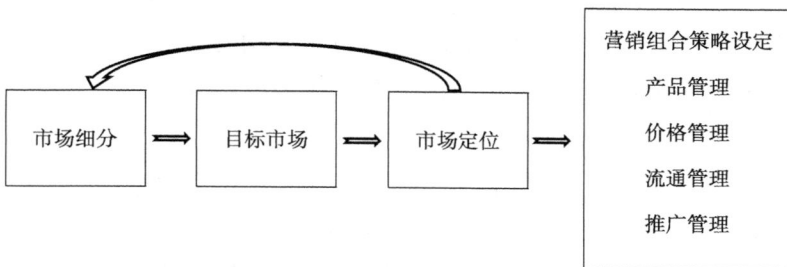

市场细分　⟹　目标市场　⟹　市场定位　⟹

营销组合策略设定

产品管理

价格管理

流通管理

推广管理

图 3.4　STP 策略分析框架

在 STP 策略分析之后，企业要进行营销组合策略的设定，营销组合策略可以简单理解为 4Ps 模型分析，每一个"P"的设定标准如下：

1. 产品管理（Product）

针对国外特定目标市场，企业是否要根据国外目标市场的特点对产品进行一定程度的调整？例如，美国麦当劳快餐销售的巨无霸汉堡（Big Mac），在全世界大多数国家都采取了标准化的产品管理策略，即在不同国家的麦当劳餐厅购买的巨无霸汉堡在重量、配料等方面都大体一致，但唯独在印度市场，麦当劳考虑到印度教禁食牛肉的宗教习俗，不得不将牛肉替换为鸡肉来制作汉堡。

2. 价格管理（Price）

针对不同国家的消费特点，企业对同一产品进行区分定价的行为[①]。例如，韩国市场上的捷尼赛思汽车价格要明显高于中国市场，这是因为现代汽车集团在韩国市场已经形成了垄断，且韩国人对于现代汽车集团生产的汽车较为认可。然而，这种认可度在中国市场上并不存在，现代起亚集团不得不以一个更低的价格来获得市场。

3. 流通管理（Place）

产品在国外市场上由企业直接销售，还是通过当地的经销商进行销售，企业需要对此做出选择。例如，美国星巴克咖啡在中国市场上是通过企业直营的形式提供产品和服务的；与之不同的是，星巴克的竞争品牌英国 COSTA 咖啡则是通过开放加盟来布局中国市场的。

4. 推广管理（Promotion）

根据产品的特点，以及目标市场上消费者的特点进行推广管理。例如，韩国好丽友（Orion）生产的巧克力派在亚洲国家均具有一定人气，但在食品包装上，中国版印有"仁"，韩国版印有"情"，日本版印有"美"。"仁"

---

① 严格意义上讲，在同一时间点上，相同的产品在不同的市场上应该拥有同样的价格，这一现象被经济学家称为"一价定律"。如果同样的产品存在多个价格，就会出现产品从低价市场流向高价市场的套利现象，同时不同市场上的产品在价格机制的影响下又会重新归为一致。但在现实中，"一价定律"失效的现象时有出现。

"情""美"在具有相同儒家文化背景的中日韩三国均有好的寓意。但中日韩三国印文不同，是因为好丽友公司在经过市场调查之后，认为中国人对"仁"、韩国人对"情"、日本人对"美"具有更高的偏好度。因此，相同产品在不同国家采取了不同的品牌价值推广策略。

阅读材料

　　从上文可以看出，一个企业在开展国际贸易业务的时候，准确把握市场定位极其重要，在确定市场定位之后企业就要开始对市场进行细分，这种细分标准大体如下：

　　一是目的国的市场边界。企业在进入另一个国家时，需要根据不同的市场边界确定产品属性。例如，在美国市场上，存在以可乐、雪碧为代表的软饮料市场；但在东南亚国家，果汁也常被归纳为软饮料的市场范围。那么，企业在决定开展国际贸易业务时，就要先了解产品在目的国的市场边界，这直接影响了企业对于目的国市场的细分。

　　二是目的国的消费者市场发展水平。相同的产品在不同的消费者市场发展水平下可能存在完全不同的市场定位。目的国消费市场发展水平的不同会带来消费者认知上的差异，产品在本国的市场定位可能会被完全颠覆。例如，在中华人民共和国成立早期，我国开始进口瑞士手表并对其进行分类，劳力士（Rolex）和万国（International）被定位为最高的一等一类品牌，来自瑞士汝拉山谷的积家（Jaeger–LeCoultre）却被定位为一等三类品牌。事实上，无论是品牌历史还是制作工艺，积家在制表业的定位要远高于劳力士和万国。

　　三是消费者行为特性。消费者行为特性包括对特定产品的购买频度，以及一次性购买量。例如，一些国家的消费者对于食品习惯少量多次购买，但另一些国家的消费者则习惯一次性大量购买。那么，在具有少量多次购买习惯的国家，企业就不应对产品进行大包装销售；而在具有一次性大量购买习惯的国家，则正相反。（资料来源：作者根据网络信息自行整理）

（三）出口市场组合分析

企业做好 STP 分析工作，是否就意味着可以在国际贸易业务中获益？国际贸易显然没有那么简单。对于一些大型企业，特别是具有多个产品群的企业而言，其往往需要以市场组合①的形式开展国际贸易业务，以求将企业开展国际贸易业务的风险降到最低。

在当前常见的出口市场组合战略中，波士顿矩阵（BCG 矩阵）是最常见的分析方法。根据 BCG 矩阵的分析思路，企业可以构建一个直角坐标系，用横轴来表示相对市场占有率，用纵轴来表示一个产品的市场成长率，由此可以将平面划分为四个板块（见图 3.5）。

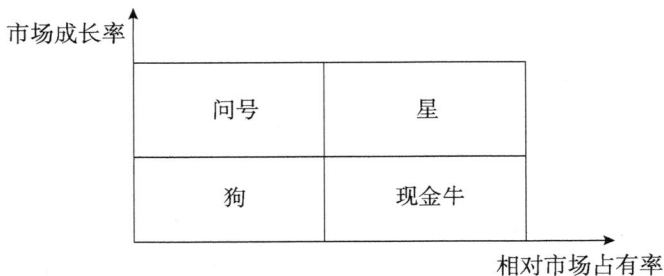

图 3.5　BCG 矩阵

BCG 矩阵将产品的市场成长率与相对市场占有率均处于较高水平的产品群称为"星"；相反，两者都低的产品群称为"狗"；将相对市场占有率高，但市场成长率较低的产品群称为"现金牛"；将相对市场占有率低，市场成长率高的产品群称为"问号"。因此，"星""狗""现金牛""问号"分别代表了以下含义：

①星。意味着在朝阳行业中，企业当前产品群取得了不错的经营成果。鉴于行业处于上升阶段，企业虽然已获得一定利润，但仍然需要继续投资。

---

① 这种市场组合简单来讲就是"鸡蛋不放在一个篮子里"，通过在市场上布局不同的产品群，以求获得最大收益。

②狗。意味着在夕阳行业中，企业当前产品群经营状况不佳。由于该产品群不具有市场竞争力，加上该产品群市场已经处于衰退状态，企业可以考虑放弃对该产品群的继续投资。

③现金牛。意味着在夕阳行业中，企业当前产品群取得了不错的经营成果。由于行业已经开始衰退，企业应考虑是否对该产品群继续投资，也可以将该产品群所获得的利润投入其他朝阳行业中。

④问号。意味着在一个朝阳行业中，企业当前产品群经营状况不佳。这极有可能是企业自身的问题。这种问题要么是因为企业投入不够，此时可以对该产品群进行选择性投入；要么是因为企业本身不适合该产品群的经营，所以也不排除放弃投资的可能。

在国际贸易的经营实践中，企业可以通过图3.6确定自身的出口市场组合策略。

市场成长率高	选择性投资	投资？	投资
	放弃？	选择性投资	投资？
市场成长率低	放弃	放弃？	选择性投资

相对市场占有率低　　　　　　　　相对市场占有率高

图3.6　出口市场组合策略

企业应投资市场成长率高的领域，但也要考虑企业当前产品群的经营状况。这里需要注意的是，企业没有必要盲目追求"星"产品群的布局，未来潜在的增长与当前的现金流同样重要。那些"星"产品群，由于需要持续加大投资，对于企业的现金流贡献可能并不大，甚至为负。正确的布局应是：依靠"现金牛"产品获得充足资金，将资金投入"星"产品的持续研发中，同时思考"问号"产品出现的问题，研判是继续投资还是放弃；对于那些"狗"产品，应坚决放弃。

（四） 出口市场组合管理

企业在完成出口市场组合分析之后，需要进行出口市场组合管理。根据当前管理学的研究成果，出口市场组合管理的方式有三种：出口市场组合维持、出口市场组合扩张、出口市场组合缩小。

1. 出口市场组合维持

所谓出口市场组合维持，即企业保持当前的出口市场组合状态，既不放弃当前已布局的产品群，也不新增产品群投资。这种维持不仅仅表现在产品群的投资上，通常还会延伸到企业的营销策略、生产方式等多个领域。

2. 出口市场组合扩张

所谓出口市场组合扩张，即在已有的出口市场组合基础上，通过增加投资来实现"星""问号"等产品群的研发，以期待在未来获得更高的收益；也指通过新增本不具有的产品群来实现出口市场组合的多样化。从当前的实际情况来看，企业在新兴市场国家（如包括我国在内的金砖国家）通常会采取出口市场组合扩张策略。

3. 出口市场组合缩小

所谓出口市场组合缩小，主要是指企业在进行评估后，放弃那些被认为在未来不能带来收益的，或者会带来损失的产品群。企业选择出口市场组合缩小策略，通常会有两种情况：一是目的国市场本身处于衰退状态，不适合企业维持当前规模的产品群布局；二是前期的产品群布局不合理，企业需要控制不必要的成本支出。我们要清楚，选择出口市场组合缩小策略，并不意味着企业的失败，放弃一些不合适的产品群，将其节约下来的资源用于其他产品群的扩张，这在商业上是非常常见的做法。

阅读材料

2004 年 12 月 8 日，世界 IT 业的巨头 IBM 以 17.5 亿美元的价格将个人电脑（PC）业务卖给中国 IT 业龙头企业联想集团有限公司。这消息一出，如同在动荡的全国 PC 海洋中进行了一次最大当量的核爆炸，IBM 出售个人电脑业务成为世纪之初任何一个关注世界技术变革趋势的人都无法回避的话题。IBM 将 PC 业务出售给联想，绝不像我们国内舆论所普遍认识到的"卸包袱"这样简单，在这一深思熟虑的战略举措背后，隐藏着 IBM 在全球竞争市场上的战略布局。这一布局基于三方面事实：

一是 IBM 进入了全球业务与利润增长的平台期。在与英特尔和微软的竞争中，IBM 总市值损失了 250 亿美元，其股票价格一度缩水一半。IBM CEO 郭士纳力挽狂澜，对机构臃肿、反应迟钝的 IBM 进行了再造，才避免了破产倒闭的命运。

二是在 IBM 引以为豪的全国服务领域出现了利润边际摊薄的趋势。随着微软、英特尔、惠普等跨国公司以及如联想之类的 IT 行业后起之秀的进入，原来由 IBM 独食的面包面临被蜂拥而至后来者争夺甚至蚕食的危险。数据显示，随着进入者的增加，IBM 的边际利润率在迅速下降，其软件业务虽具有无可匹敌的优势，但仍然无法阻挡服务领域利润边际下降的趋势。

三是 IBM 一直在寻求推出个人电脑业务的恰当时机与恰当方式。IBM 依靠其在大型计算机方面的技术优势、人才优势和资金优势，转而从事生产小型个人电脑，就像生产过先进雷达、军事卫星与战斗机的波音公司来生产玩具飞机一样轻而易举。但 IBM 仍带着它固有的傲气，企业高层对 PC 业务缺乏足够的战略重视。所以当竞争者进入之后，IBM 在 PC 业务上出现了巨大亏损。

郭士纳接管 IBM 之后提出"大就是美"的口号，拒绝将公司拆分为 13 个小公司，同时利用技术研发、客户管理等方面的优势，在 PC 业务上加大投入，力图缩小在个人电脑市场上与微软、英特尔的差距。但这一策略并未奏效。直到郭士纳的继任者萨缪尔接任 IBM 总裁后才宣布出售 PC 业务，美国的新闻界为此幽默地将新闻标题取为"少就是多"，这明显是对 IBM 以及郭士纳的讽刺。

在 IBM 出售 PC 业务之后，腾出了更多资金在其擅长领域布局，企业并没有因为失去 PC 业务而出现衰退，反而在其他领域表现出更强大的生命力。数据显示，2004 年 IBM 的总收入 963 亿美元，卖掉整个 PC 业务部门之后，2006 年总收入 914 亿美元，总收入下降了 49 亿美元。但从利润方面来看，2004 年的毛利润是 360 亿美元，2006 年的毛利润是 383 亿美元，毛利润增加了 23 亿美元。（资料来源：万君宝，王蔷. IBM 出售 PC 业务背后的全球战略变局 [J]. 经济管理，2005（7）：79 - 85）

三、出口产品管理

（一）出口产品的修正与开发

一般情况下，一个企业决定开展国际贸易业务，大概率是因为在国内的经营较为成功，因而企业为了扩大收益来源，将原本局限在国内的业务拓展至其他国家。那么这里会存在一个问题，在国内取得成功的产品是否可以直接出口到海外？如果企业坚决要开展国际贸易业务，是否需要对原来的产品进行修正，又或是为了出口而重新开发产品？为了说明此问题，我们需要对产品下一个定义。在这里我们引用"现代营销学之父"菲利普·科特勒的观点，将产品分为以下三种形式：

1. **核心产品（core product）**

所谓核心产品是指能满足消费者核心需求的产品，如口渴时购买的软饮料，饥饿时购买的面包等，这些产品满足了消费者购买时最核心的需求，因此都可以称为核心产品。

2. **有形产品（tangible product）**

顾名思义，所谓有形产品是指那些能看到的、有特定形态的产品。在营销学上，我们将具有特定包装、品牌、特点的产品称为有形产品。

3. **引申产品（augmented product）**

引申产品是一种广义的定义，是指消费者购买产品时所获得的附加的服务和利益，包括配送、运输、售后服务等一系列增值服务。

我们用一个简单的例子来说明核心产品、有形产品、引申产品之间的关系。一个在城市 CBD（中央商务区）上班的白领，由于工作压力大，每天中午需要喝咖啡来缓解疲劳。此时，喝咖啡满足的就是"白领"的核心需求，咖啡就是一种核心产品。但咖啡有很多种，白领可以去瑞幸（luckin coffee），也可以去星巴克（Starbucks Coffee）、天好（Tims Hortons）或 COSTA 等。无论是瑞幸还是星巴克，又或是天好和 COSTA，其都是出售咖啡饮品的商店，主要产品类别也是高度重叠，但不同商店的咖啡具有完全不同的包装、品牌，那些特定品牌的咖啡就可以被认为是一种有形产品。而星巴克和 COSTA 除了提供咖啡饮品，还提供了优雅的环境和舒心的服务，这种服务和环境就是一种引申产品。

由此可以得出一个结论，如果企业要针对市场的需求修正产品，核心产品是很难修正的。在加入品牌、服务等一系列附加之后，产品修正则成为可能。

阅读材料

总部与主要生产基地位于江苏省张家港市的乾顺贸易，是一家主营服装代加工与进出口的民营企业。乾顺贸易的代加工产品中，既包括多个著名的时装品牌，也包括多个互为竞品的品牌，比较有代表性的就是李维斯（Levi's）和杰克琼斯（JACK & JONES）。李维斯是来自美国的男装品牌，而杰克琼斯来自欧洲。理论上讲两家企业对于服装的设计理念应该有所区别，但它们的部分产品却来自同一个代工厂。

在这种采取贴牌生产的模式下，有时候消费者所购买的不同品牌的产品，其差别真的只来源于"品牌"。例如，一件简单的纯棉 T 恤衫，在品牌标识印上之前是没有任何辨识度的。但即便如此，这种初级产品也能满足消费者最核心的购买需求——穿着。当代工厂根据品牌方的要求，在 T 恤衫上印上能代表品牌的特定图案后，原本完全一样的两件 T 恤衫自此就有了全新的产品形象。产品进入各大商场的专柜向终端消费者进行销售时，消费者购买的就不再仅是产品本身，还包括品牌的售后服务等。我们可以认为，那件在代工厂没有任何品牌标识的纯棉 T 恤衫属于核心产品；有了品牌特定印记之后就成了有形产品；在专柜进行销售的时候，专柜提供的服务即为引申产品。

在生产外包的模式下，企业间的竞争从有形产品开始。企业在开展国际贸易业务的过程中，需要在充分了解目的国市场之后，有针对性地开发有形产品，同时为目的国消费者提供具有高辨识度、高满意度的引申产品。（资料来源：作者根据网络信息自行整理）

除针对出口市场进行产品修正之外，企业也可以进行产品的开发，即针对目的国市场的特点，开发一种原来没有的产品，以此满足目的国消费者的需求。如果决定要进行产品开发，那么企业需要注意以下四点：

1. 产品标准与规则条件

国际贸易企业所开发的产品必须符合目的国的相关标准。需要注意的是，一个产品在最初开发的时候，肯定是符合企业所在国的相关标准的，而一旦要在另一个国家进行销售，就一定要取得目的国的认可。这里可能存在两种情况：一是本国标准较目的国标准更为严格，即便如此，也不能认为产品已经符合目的国标准了，因为国与国之间的标准通常是不互认的。二是本国标准低于目的国标准，此时产品极有可能不符合目的国的要求，那么修正或重新开发产品就不可避免了。

2. 度量衡制度条件

各国的度量衡不相同，特别是公制单位、英制单位、美制单位之间存在的巨大差异。一个产品要在另一国进行销售时，企业应将产品上的度量衡针对目的国的标准进行调整。这种产品调整在整车领域非常常见。

3. 气候条件

如果本国与目的国之间存在很大的气候差异，那么企业就有必要针对目的国的气候环境对商品进行调整或重新开发。例如，同一型号的汽车，出口北非国家的与出口北欧、加拿大等地的，其轮胎材质就存在很大的区别。另外，企业也可以针对目的国特殊气候环境开发一些专门的产品。例如，美国日用化工巨头宝洁（P&G）就针对日本地区的潮湿天气开发过特殊的护肤产品。

4. 消费者喜好条件

产品最终一定要实现对消费者的销售才能为企业带来实际价值。很显然，不同地区的消费者针对同一产品的喜好和使用习惯是不一样的。那么，企业在开展国际贸易业务时，必须考虑到目的国消费者对于产品的喜好问题。例如，受中国文化影响，中日韩三国在餐具上都以筷子为主，但中国人、日本人使用木筷或者竹筷，韩国人使用金属筷子。如果一家中国餐具生产企业要想进入韩国市场，那么针对韩国人的习惯开发金属筷子产品就在所难免了。

（二）出口产品的品牌选择

商标的概念在管理学领域极其重要，这是企业在市场上区别于其他竞争对手的标志。对于商标的具体作用，一般认为有以下四点：

一是产品识别功能。广义的商品不仅是指产品本身，还包括产品固有的、区别于其他同类产品的名称、包装、设计等。这些要素让消费者在市场上能很容易发现一个产品和另一个产品的不同。例如，奔驰、奥迪、宝马都是德国豪华汽车品牌，但宝马汽车因为"双肾"型前进气格栅被消费者熟知，一个对汽车领域有所了解的人当看到这种造型的进气格栅时，能够很容易将宝马与奔驰、奥迪区分开来。

二是品质保障功能。比如，一家企业在长时间的经营过程中坚持高品质生产，其品牌已经给消费者留下了"耐用""坚固"的印象，即使这家企业推出一款全新的产品，而这种产品从来没有在市场上出现过，消费者仍然会认为该产品和其他产品一样具有耐用、坚固等特征。例如，瑞士日内瓦的劳力士（Rolex）公司是一家专注高端腕表的企业，其在腕表界一直有一个近乎刻板的印象，即"从不生产复杂功能的腕表，但每只腕表都走时精准"。2022年，在"钟表与奇迹"高级钟表展上，劳力士推出了一款为左撇子设计的GMT两地时腕表。腕表推出之后，消费者对左撇子的设计，以及酷似雪碧瓶的配色进行了热议，但没有人对这款腕表的走时精准性提出疑问，仅是因为它带有劳力士的商标。

三是法律保护功能。一个经过法律程序注册的商品，在一定领域内享有排他性，即其他企业不能使用该商标，也不能使用可能让消费者误认为是该企业生产的产品的商标。例如，迈克尔·乔丹（Michael Jordan）是美国著名篮球运动员，美国耐克（Nike）公司为其打造了飞人乔丹（Air Jordan）的专属篮球品牌。借助乔丹在体育界的影响力和耐克公司的产品品质，飞人乔丹的产品在全球范围内都具有一定认可度。中国企业曾注册"乔丹"商标，在市场上也获得了一定成果，但经过多轮诉讼，我国最高人民法院认为我国企业注册的"乔丹"商标，容易让消费者误认为此"乔丹"与彼"乔丹"存在关联，故禁止我国企业继续使用"乔丹"商标。

四是培养品牌忠诚度。商标的这一特点与商标的品质保障功能近似。一些企业通过一段时间的良好经营，让消费者对这个商标产生好感，这样消费者再次购买产品时，还是会选择带有这个商标的产品。根据调查分析的结果，美国苹果（Apple）公司是全世界拥有最高品牌忠诚度的企业。

阅读材料

品牌忠诚度代表消费者对某个品牌的信任程度，品牌忠诚度越高的公司，往往其产品也会越成功。你可曾想过，自己最爱用的科技产品、家电用品，甚至平常爱喝的饮料、常买的食品，或是习惯穿的衣服、特别喜欢的那双鞋子……它们都是哪些牌子？这些品牌，有些可能是无意间的选择，但绝大多数都是你喜欢的品牌，它们深植于你的生活中。在消费行为上，所谓的"品牌忠诚度"，表现为消费者以回购、续买或任何方式继续使用或支持某个品牌，更反复表现出支持某一品牌产品或服务的积极行为，消费者甚至愿意向朋友推荐该公司所生产的产品。对任何经营品牌的大企业来说，消费者对品牌忠诚度的高低，直接决定着一家企业能否长久、永续发展。在真正的信任基础下，品牌忠诚度往往可以打破价格和质量的藩篱。举例来说，一旦某人对A品牌产生了好感，成为A品牌的粉丝，那无论B的价格有多低或品质有多高，他还是会选择A的产品继续使用。这就是一个好的品牌带来的效应，它可以在无形中影响你我的生活。（资料来源：网易新闻，有删改）

那么，既然商标具有如此重要的作用，企业该如何在开展国际贸易业务的时候制定有关商标的策略？事实上，一个企业开展国际贸易业务，其本质就是将贴有自己企业商标的产品在另一个国家的市场上销售。从商标的角度看，企业有两种方式可以让贴有自己商标的产品出现在其他国家：一是将自己企业生产的带有商标的产品出口到其他国家；二是将商标授予其他国家的企业，其他国家的企业在本地生产并就近销售。这两种国际贸易形式各有优缺点，企业需要根据自己的实际情况来决定，照搬其他企业的做法只会增加企业的经营风险。

1. 自我商标出口

自我商标出口是指商标持有企业自己生产产品，再出口至国外的形式。采取这种形式开展国际贸易时，由于产品由企业自己生产，企业可以很好保留产品原本在国内销售时的一些特征，这对于发挥商标的品质保障功能有一定好处。同时，企业可以对生产过程中的一系列经营活动进行直接管理，增强了企业对于商标的控制权。

但需要注意，选择自我商标出口，意味着企业需要完成以下过程：了解海外市场的需求—确认企业产品是否匹配海外市场—针对海外市场修正产品或重新开发产品—完成出口。可见这个过程还是相对复杂的，如果企业自身的能力不足，就无法完成。同时，还需要注意一点，如果企业需要针对海外市场进行产品的重新开发，这又会增加企业的投资成本。因此，企业选择自我商标出口，对企业自身的能力而言是个考验。

2. OEM 出口

Original Equipment Manufacturer，简称"OEM"，中文意为原始设备制造商，在管理学上通常理解为贴牌生产或代工生产。因此，OEM 出口是指商标持有人将商标的使用权授予目的国的代工厂，并由代工厂生产贴有原企业持有商标的产品。由于代工厂是消费目的国的企业，它更了解当地市场的情况，在产品销售上要明显优于自我商标出口。同时，市场调查等活动由代工厂完成，为商标持有企业节约了一定成本。

OEM 出口也存在缺点。如果代工厂具有很强议价能力，商标持有企业的利润将被极大压缩。同时，将商品的销售完全交给代工厂来负责时，商标持有企业对于整个国际贸易业务的掌控程度也会降低。因此，OEM 出口通常适合那些对目的国市场不了解的企业。

阅读材料

斐乐（FILA）原为意大利著名运动休闲品牌，其产品涵盖多个领域，不仅有生活休闲类产品，也有专业运动类产品，2005 年开始进入中国市场。进入中国市场以后，斐乐不仅无法与阿迪达斯、耐克等国际知名运动品牌竞争，也遭到安踏、李宁等中国运动品牌的市场挤压，一度退出中国市场。2009 年，经营状况不佳的斐乐被安踏收购，重新进入中国市场。斐乐在被安踏收购之前，在中国市场的经营可谓是一塌糊涂，进入中国市场两年亏损 1096 万元，在当时就是一个烫手山芋。后来安踏接手了这个烫手山芋，并且在接下来的几年里把斐乐经营得风生水起，不仅自身经营成果丰硕，还对安踏集团的整体营收有所贡献。究其原因，相比来自意大利的斐乐，作为中国企业的安踏显然更了解中国消费者，在得到斐乐商标在中国的经营权之后，斐乐开始生产迎合中国消费者喜好的商品，让斐乐这一具有悠久历史的意大利品牌在中国市场重获新生。（资料来源：作者根据网络信息自行整理）

（三）出口产品的价格管理

理论上，根据亚当·斯密的价格机制，高定价会导致销售量减少，而低定价又会压低企业的利润。在企业的立场，其应制定一个"价格×销量"最大化的一个价格。当然，在经营实践中，企业没有办法去衡量需求曲线，"价格×销量"最大化的一个价格只能存在于理论中。

企业对于产品的定价通常要考虑产品的市场定位、市场竞争情况、自身的成本与期望利润。另外还有一点通常被忽略，就是产品当前的寿命周期。即使是同一个产品，处于不同的寿命周期，产品的价格也会有所不同。在实践中影响企业对产品进行定价的因素有很多，下面我们来具体讨论。

1. 生产成本

这可能是对企业定价影响最大的因素了。在经典贸易理论（绝对优势理论、比较优势理论、要素禀赋理论）中，都以成本来衡量产品的出口竞争力。需要注意的是，从管理学的观点来看，产品的生产成本并不是一成不变的。企业开展国际贸易业务势必带来生产量增加的问题，如果不考虑国际贸易业务所增加的营销成本，从经验曲线理论和规模经济理论的角度来看，产品的生产成本会有所降低。

2. 产品寿命周期

根据产品寿命周期理论，一个产品从出现到从市场上消亡会经历初创期、成长期、成熟期、衰退期四个阶段。即使是同一个产品、相同的生产成本，如果处于不同的产品寿命周期，定价策略都完全不同。

①初创期出口价格策略。如果产品处于初创期，根据产品性质的不同存在两种不同的价格策略。一是撇脂定价策略，在这种定价策略下，企业在产品最初推出市场时采取高定价，然后再逐步降低产品售价；二是浸透式定价策略，在这种定价策略下，企业在产品最初推出市场时采取低定价，在取得一定市场份额之后可以视情况提高产品售价，也可以保持一种薄利多销的经营模式。这两种定价策略适用的场景是不一致的。撇脂定价策略适用于那种海外市场不存在强力竞争者，同时企业也希望在海外市场树立高端产品形象的情况，通过差别化优势赢得市场。相反，浸透式定价策略适用于那种市场上已经存在强力竞争者，企业希望迅速取得市场占有率的情况。

阅读材料

很多人对瑞幸咖啡的最初印象是一夜之间人手一杯的免费"小蓝杯"。2017 年，瑞幸咖啡以烧钱赠饮、极速拓店的"野蛮生长"打法刷新了国人对现制咖啡的认知，迅速抢占了市场，并培育出一大波开始接受咖啡作为日常饮料的本土消费者。瑞幸咖啡的野蛮生长在 2020 年遭遇了危机。在爆雷事件发生后，瑞幸咖啡调整了极低的定价策略，转向专注做产品、争利润，适当提高客单价，追求可持续的品牌成长，并开始了为期数年的蛰伏。

2023 年 5 月 1 日，瑞幸咖啡公布了 2023 年一季度财报，从各项数据都能看出明显的业绩复苏迹象。一季度内，瑞幸咖啡的总净营业收入达到 44.37 亿元，同比增长 84.5%；通用会计准则下的营业利润达到 6.78 亿元，利润率大幅增长至 15.3%，2022 年同期仅为 0.7%；非通用会计准则下的营业利润达到 7.31 亿元，利润率达到 16.5%，2022 年同期为 3.8%。从门店运营维度看，自营门店营收第一季度为 31.4 亿元，同比增长 74.9%。主攻一、二线城市的自营门店利润为 7.92 亿元，利润率高达 25.2%，2022 年同期为 18.5%，自营门店的同店销售增长率为 29.6%；主打拓展低线城市下沉市场的联营门店收入为 11.35 亿元，占总收入的 25.6%，较 2022 年同期增长 106.7%。由此可见，瑞幸咖啡的营业业绩有了非常明显的改善，在自营门店利润率有较大提升的同时，联营门店也做出了不少业绩贡献。（资料来源：钛媒体 App，有删改）

②成长期出口价格策略。对于在初创期采取了撇脂定价策略的企业而言，如果产品的寿命周期进入了成长期，可以对产品进行适当降价。因为产品进入成长期之后，市场上会开始出现一系列模仿品，如果产品继续维持一个过高的价格，会给其他竞品留下追击的空间。在此时适当降价，可以给予追击者一定程度的打击，这对企业维持市场优势地位有利。相反，对于那些采取了浸透式定价策略的企业而言，经过一段时间的市场占领，已经获取了一部分消费者的认可，这就给产品带来了提升价格的空间。但需要注意的是，如果企业在取得市场占有率之后要提价，在前期企业就需要做好品牌的维护，即培养好消费者的忠诚度，才不至于在提价之后丢失过多市场份额。

阅读材料

4 月初，有不少消费者在网上晒出在海底捞用餐的小票，"人均 220" "一片土豆 1.5 元" "米饭 7 元一碗"，如此高价消费引来网友们的质疑。随后，海底捞作出回应称，涨价是受疫情及成本上涨影响，餐厅整体菜品价格调整控制在6%，各城市实行差异化定价。让海底捞没有想到的是，涨价并未获得消费者的理解，反而收到呛声一片。有网友甚至称，还没等到消费者"报复性消费"，餐厅却已开始"报复性涨价"。伴随舆论热度不断升级，海底捞最终致歉并宣布恢复原价。海底捞在致歉信中称，涨价是一次错误决策，伤害了海底捞顾客的利益，从即时起所有门店菜品恢复至疫情前标准。此外，海底捞各地门店会综合考虑门店所在地的经营成本、消费水平、市场环境等因素，实行差异化定价，菜品价格会存在一些差异。（资料来源：《每日经济》，有删改）

　　从上述材料可知，海底捞作为一个布局我国多地，甚至已经布局海外市场的著名火锅连锁店，在菜品涨价之后遭遇了消费者的抵制。虽然海底捞一直以来树立了良好的品牌形象，但火锅市场上竞争者众多，海底捞并没有形成自然垄断，火锅对消费者而言也并非必需品。这一案例虽然发生在国内，但同样可以给开展国际贸易业务的企业带来启示。

　　③成熟期出口定价策略。当产品的寿命周期进入成熟期，产品将面临极大的市场竞争。根据产品寿命周期理论，成熟期是指已经掌握了相关产品的生产技术，且因为技术模仿带来的低成本，此时发展中国家在相关产品的生产上会更具有优势。在国际贸易方向上会体现出一种由发展中国家向发达国家，甚至产品最初发明国家出口的现象。因此，在成熟期的企业，无论其产品本身多优秀，高定价几乎是不可能的。事实上，企业开发了一个产品，当这个产品从初创期经过成长期，再进入成熟期的时候，企业已经有了一段较长的经营时间。在此过程中，如果企业的经营是成功的，那理应收回所有的研发成本。此时采取"生产成本＋一定利润"的低价定价策略，凭借企业原有的商标优势，完全可以在一定时间内继续保持一定的市场占有率，同时延续企业的盈利状态。

　　④衰退期出口定价策略。当产品的寿命周期进入衰退期，市场上会开始逐渐出现更新一代的同类产品，以替代原产品在市场中的角色。此时，企业需要考虑逐步退出该产品群的生产。对于已经存在的库存产品，大多采取降

价的形式予以清仓。在这里也需要注意一个问题，如果企业之前没有开展国际贸易业务，或者没有对某一特定市场开展国际贸易业务，当产品进入衰退期的时候，此时是否需要开展国际贸易业务有两种不同的情况，值得斟酌。一是如果目的国市场上已经有了同类产品，此时是不应选择在该国开展国际贸易业务的。因为，企业如果此时进入目的国市场，只能采取低价格的策略，容易给目的国消费者留下"生产低端产品"的印象，这对企业树立良好的企业形象不利。二是如果目的国市场并不存在这种产品，尽管产品在国际市场上已经处于衰退期，但在目的国市场仍然是一种新兴产品，此时企业开展国际贸易业务是可行的。

阅读材料

1984 年，第二代捷达正式上市，相比于第一代车型，这一代的捷达采取了用户的建议，在设计上与高尔夫正式分开而来，尤其是在灯组方面更是采用了自己独特的设计，同时在底盘方面还配备了很多防噪材质，还为消费者提供了四种不同的配置。此外，第二代捷达也是正式进入了中国市场，并且在 1991 年的时候，在长春投产下线，一经上市，便风靡全国，成为家喻户晓的车型。在中国市场的这段时间，一汽大众对第二代捷达进行了数次改进，不仅引进了 5 挡手动变速器，还引进了当时最为先进的 5 气门 1.6L 引擎，更率先引进了 ABS 系统（防抱死制动系统），在产品力上进一步提升，甚至在 1997 年的时候还推出了全面升级的捷达王。（资料来源："暴炫车世界"百家号，有删改）

从上述材料可以看出，1991 年进入我国市场的捷达汽车，其实是 1984 年生产的产品。对于汽车工业而言，7 年前的产品实际上已经处于一种近乎淘汰的状态，但捷达汽车在中国取得了巨大成功。这是因为 20 世纪 90 年代初，我国刚建立社会主义市场经济体制，且乘用汽车工业相对落后，因此一个在海外已经处于衰退期的第二代捷达汽车，在我国市场仍然具有巨大的吸引力。

如果当时的大众汽车将 7 年前的捷达汽车投放到欧洲其他国家市场或者

北美市场，又或是今天某个汽车品牌要在中国市场投放一个 7 年前的产品，要想取得成功估计是十分困难的事情了。

（四）国际转移价格管理

所谓国际转移价格，实际上是指企业的内部转移价格。在一些布局全球价值链的企业中，设计、生产等价值链环节被限制在某些特定国家，而终端销售则由目的国的销售企业负责。如果目的国的销售企业也是企业所设立的，那么在最终完成销售之前的所有移动，本质上就是一种企业的内部移动。但即便如此，由于价值链上各环节的企业在法律上仍然属于相互独立的"法人"，所以产品在它们之间进行移动的时候，仍然会被认为是一种交易。既然是交易，那就对产品进行定价，此时的价格就被称为"国际转移价格"。

对企业而言，国际转移价格属于企业内部的，或者是企业能控制的与下属企业进行交易的价格。换句话说，国际转移价格是可以被企业人为控制的。既然所有参与交易的企业都来自一个大整体，那么下属企业的盈利状况实际上就不重要了，只需要考虑整体利益的最大化。

但这种国际转移价格对于企业所在国政府而言，就不能保证一定是好事了。企业如果选择使用国际转移价格来达到企业整体利益最大化的效果，就一定会让价值链上的部分环节转移到其他国家，这对于价值链环节转出国家而言就不是一件值得庆幸的事情了。更重要的是，因为产品在实现最终销售之前，成品或半成品的交易价格由企业自由决定，企业完全可以通过人为控制价格来达到节税的目的。也正因如此，国际转移价格往往成为各国政府，尤其是海关、税务机关稽查的对象。如果我们不考虑到海关和税务稽查的影响，企业可以通过以下几点确定国际转移价格。

1. 企业所得税

在企业所得税率较高的国家设立分支机构的时候，可以通过提高其产品的进口价格，同时降低其出口价格，来降低分支机构的利润水平，从而有效减少纳税额。相反，如果该国的企业所得税率较低，则可以反向操作。

2. 关税

按照从价税计算，关税的实际征收额等于进口报关价格与关税率的乘积。从企业节税的角度出发，如果一国的关税率处于较高状态，企业要尽可能以低价格进行报关。当然，这里也需要注意一个合理的原则，如果报关价格长期明显低于正常价格，也可能被进口国政府视为一种倾销，最终遭到处罚。

3. 外汇管制

世界上有一些发展中国家，因为取得外汇较为困难，且其自身的发展需要积累一定的外汇，因而往往会限制外汇流出，在政策上体现为对外汇的管制。如果企业在这些国家设立了分支机构，就需要降低分支机构产品的出口价格。因为出口所获得的外汇，受所在国外汇管制的影响，有可能出现无法被集团所利用的情况。

4. 物价变动

在健康的经济环境下，大多数国家的物价会呈现轻微上涨的态势。对于一个物价上涨过快的国家，企业布局在这个国家的资产，特别是流动资产容易贬值。因此，在这种情况下需要利用国际转移价格的调整，形成不同国家之间的资产转移，最终形成对集团利益的保护。

如果企业要将国际转移价格的效果发挥出来，可以采取以下产品定价策略。

（1）市场转移价格。

这是一种正常的交易价格。企业在进行产品的国际转移时，会根据市场上该产品的正常价格去核定市场转移价格。这种情况通常发生在位于不同国家的分支机构之间存在相互竞争，或者企业为了尽可能地避免遭到海关和税务稽查的时候。

（2）原价转移价格。

这是一种由产品价值链上游企业，仅仅根据产品的生产成本加上象征性利润来核定市场转移价格的方式。采取这种定价方式，很明显是为了向价值链下游企业输送利益，或者是下游企业所在地的法人税低或关税率高。当然，由于在核定转移价格的时候也考虑到了利润问题，哪怕利润只是象征性的，也能避免合规性问题。

（3）协商转移价格。

这是通过企业内部协商确定转移价格的方法，这种方法最容易达成企业集团利益最大化的目标。但这种协商常以避税为目的，违反了公平竞争原则，往往成为政府稽查的重点。

（五）出口流通管理

出口流通管理主要是指 4Ps 分析模型中的 Place，即如何实现对消费者的产品转移。在国际贸易学中，通常认为产品的出口流通有直接出口与间接出口两种形式。

1. 直接出口

所谓直接出口，是指企业在国内完成对产品的生产之后，不通过任何的中间商或代理人，由企业自身完成出口的一种形式。这种出口方式的优势在于企业对于出口过程具有完全的控制力，不会造成企业经营信息、专利等的泄露，但所有的风险都由企业自身承担，出口成本较高。

2. 间接出口

所谓间接出口，是指企业通过代理人出口的一种形式。使用这种形式的出口，企业可以专注于自己擅长的产品生产，并将全部精力用于产品品质的控制与技术的提高。可以说，间接出口是基于比较优势的一种出口方式。其缺点恰好就是直接出口的优点。由于引入了其他企业的力量，企业将无法完全掌控出口的全过程，因此不利于企业经营信息和专利等的保护。

由此可以看出，直接出口和间接出口之间其实不存在优劣的问题，它们各有特点，企业需要在成本控制和出口程序控制之间找到一个均衡点。

另外，如果企业想在目的国成功实现产品的销售，除出口之外，还需要考虑产品在目的国的流通网络问题。企业要想布局海外销售网络，一是可以通过海外销售代理来实现；二是可以通过海外销售法人来实现。

如图 3.7 所示，企业通过海外销售代理来实现流通网络的布局。在这种情况下，企业通过向海外销售代理支付手续费，海外销售代理为企业提供消费代理服务来实现代理协议的签订。而目的国的消费者则通过与海外销售代理订立销售合同来实现销售合同的订立。这里需要注意的一个问题是，根据当前多数国家的民商法规定，由代理订立的合同，代理并非合同的当事人，因为海外销售代理只是提供了一个销售代理服务而已，对于产品的品质、合规性等后续一系列法律问题，仍然由产品的制造企业负责。因此，虽然销售合同订立于海外销售代理与消费者之间，但企业和消费者才是该笔合同在法律意义上的当事人。

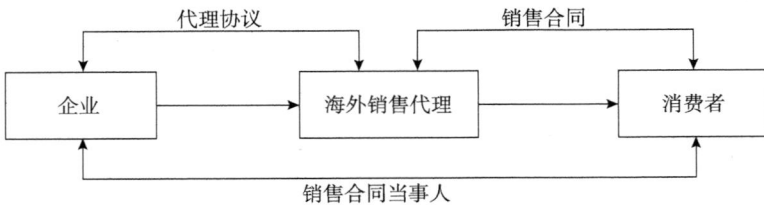

图 3.7 海外销售代理

如图 3.8 所示，企业通过海外销售法人来实现流通网络的布局。在这种情况下，企业在海外设立具有法人资格的销售机构，或在海外指定具有独立法人资格的销售机构。此时，可以把交易看成企业通过销售合同向海外销售法人出售产品；然后海外销售法人再向消费者出售产品，海外销售法人在中间赚取差价。在这种模式中，企业向海外销售法人销售产品的时候，事实上已经完成了产品的所有权转移，但并不意味着海外销售法人对消费者的销售就完全与企业无关了。如果海外销售法人的海外销售受阻，不仅影响企业未来产品的进一步销售，也会对企业品牌、商誉等方面产生负面影响。因此，企业必须对海外销售法人的销售活动做出支持。

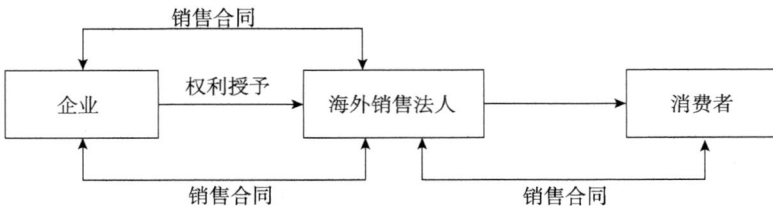

图 3.8 海外销售法人

（六）出口推广管理

所谓出口推广管理，是指企业采用一系列手段，让企业的产品在目的国为消费者所广泛知晓，并诱导消费者购买产品。从实证研究的成果来看，"酒香不怕巷子深"的观念在国际贸易领域已经不再适用。因此，企业要想在国际贸易领域取得成功，进行一定力度的出口推广是必要选择。

1. 广告

企业选择做广告，往往是希望通过广告的播出，一方面让海外消费者了解企业的产品，另一方面刺激消费者对企业产品的购买欲望。传统上，播放广告的媒体有电视、电台、报纸、杂志等。如今随着短视频的流行，通过大数据对消费者进行精准画像之后的定点短视频广告投送，以及直播等全新广告形式，逐渐成为更为有效的产品推广手段。

2. 公共关系管理

公共关系管理是通过一定手段让目的国消费者对企业产生好感，其主要目的在于通过树立一个良好的企业形象，间接推动企业产品的销售。需要注意的是，公共关系管理与广告的媒介手段存在高度重叠，公共关系管理也通过电视、电台等进行，因而易与广告混淆。如果要简单区分，可认为广告向消费者宣传的是一种产品，而公共关系管理宣传的则更多的是企业形象。

阅读材料

一直以来，社会上都有着无数热衷公益的爱心企业，它们对待公益孜孜不倦，展现出了企业的魄力和情怀。在众多企业中，三星（中国）就是备受瞩目的那一个。三星（中国）深刻意识到教育的重要性，多年来一直积极投身教育公益当中，积极改善教育环境，激起青少年对科技知识的学习欲望，为社会培养了更多有志青年，充分展现了三星（中国）的企业大爱。

三星（中国）还重视改善教育条件，完善基础设施，在全国范围内捐赠建设希望小学。至今，三星（中国）已在全国建设168所三星希望小学，改善了所在地区的教学环境，为学生提供了更健康、安全、温馨的学习环境，为教育水平提升提供强大助力。在提升乡村地区教育水平的同时，三星（中国）还专注于收入较低家庭孩子的上学情况。

三星（中国）还根据学校实际情况，建设了"三星希望图书室""三星希望厨房""三星梦想课堂""三星智能教室"等公益项目，致力于全面改造提升教学环境。不仅如此，为了提高三星希望小学教师的教学水平，除了兴建校舍，三星（中国）还在全国开启了"三星智慧教师培训""乡村小学科普教育"等公益项目，以实现教师队伍素质的提升，增强科普教育意识。

"Solve for Tomorrow 探知未来"全国青年科普创新实验暨作品大赛是三星（中国）全球公益项目之一，意在鼓励青少年关注科技发展。该比赛吸引众多学子参与其中，激起青年对科学技术的学习兴趣。（资料来源：网易新闻，有删改）

从上面的资料可以看出，企业选择进入海外市场时，需要在推广上做出努力。一方面是针对企业产品的推广，让海外消费者了解自身的产品，尤其是自身产品相较市场上其他产品在价格、性能等方面的优势；另一方面，企业需要注重自身形象的推广，如通过慈善、资助等一系列活动，让海外消费者对企业产生好感，这对于企业在海外当地市场的长期发展具有重要意义。

第三章　企业内部经营管理

在开展国际贸易业务时，企业应对经营风险不仅可以通过外部经营管理，也可以通过内部经营管理来实现。这种内部经营管理，一方面可以为外部经营管理提供基础保障；另一方面也能提高外部经营管理的效率，同时减少不必要的开支。

一、人力资源的管理方式

随着管理学思想的进步，人力资源越来越受到重视。当前学术界普遍认为"人"不仅仅是简单的劳动力，一些具有高技能水平、高管理水平的人才往往还具有资本的性质。对于具有更高风险的国际贸易而言，确保企业拥有一批可靠的人才，是降低企业经营管理风险的重要手段。在当前的商业实践中，国际贸易企业在建设企业人才队伍的时候，有内部派遣与当地雇用两种形式。

（一）内部派遣

所谓内部派遣，即在企业开始开展国际贸易业务的时候，从企业内部选拔人才去完成相应的国际贸易工作。当然，如果国际贸易业务尚处于单纯出口的初级阶段，内部派遣并不会给企业当前的经营管理带来太大变化，仅仅是部分已有员工的业务领域发生了变化而已。但如果国际贸易业务发展到海外建厂等高级阶段时，让国内员工远赴海外工作，就不是一件简单的事情了。

从内部派遣员工前往海外工作，其最大的优势是便于沟通，同时能让海外机构始终处于企业的控制之下。对于员工而言，海外派遣对其个人能力提升、经验增长等都具有好处。但这并不代表从内部派遣员工只有好处。内部派遣员工的成本是相对较高的，企业不仅要考虑员工的海外派驻问题，还要考虑员工家属的问题。另外，员工到海外之后的食宿等都需要企业付出额外成本。而且员工派驻海外是有期限的，待到派驻期满，又涉及员工的职务变化等问题。如果这些问题不能很好地处理，那么内部派遣就不会收到好的效果。

（二）当地雇用

当国际贸易发展到高阶段，且企业具有深耕目的国市场的意愿时，通过在海外当地雇用的形式获得人力资源也是可行的办法。雇用来的员工会更加了解当地的文化、法律及商业习俗，这些恰恰是国际贸易中风险产生的重要因素。因此，直接雇用当地人才是减少企业海外经营风险的重要手段。另外，由于员工本身是当地人，所以不存在生活安置等问题，可以为企业减少大量开支。但由于员工不是本国人，交流起来可能面临一些困难。同时，海外员工能否始终保守企业的商业秘密也不能确定。

由此我们可以看出，无论是内部派遣，还是当地雇用，都存在各自的优缺点。为将两种人力资源管理方式的优势发挥至最大，且尽可能降低风险，我们建议在不同的业务部门采取不同的方式。

在当前的商业实践中，如果国际贸易发展到了海外投资阶段，企业完全不通过当地雇用来获取人力资源是几乎不可能的。那么，在进行当地雇用时，企业必须要考虑到下列事项才能避免风险。

1. 教育水平

企业在进行全球供应链布局的时候，实际上也要考虑教育水平的问题。一个成功的企业绝不会把重要的研发部门放到一个教育水平偏低的地区。同样，在决定海外分支机构的人员问题时，即使当地的教育水平过低，可以给企业带来低工资成本的好处，企业也要考虑对当地人员进行培训的附加费用问题。

2. 民族与人种

一个拥有健康企业文化的企业一定不能存在种族歧视的问题，因为民族与人种必然要牵扯到文化、风俗、宗教。作为一个普及唯物主义教育的国家，企业在中国并不会遇到太多风俗与宗教问题，但在一些宗教国家，企业要非常重视这类问题，如当地人员与派遣人员之间是否存在风俗与文化上的冲突，宗教活动是否会对生产经营活动产生影响等，这都是需要考虑的问题。

阅读材料

问：斋月即将到来，你能告诉我们有关办公室规则、工作时间等方面的情况吗？我们公司需要有员工24小时在办公室值班。我是否可以让禁食的员工在晚上工作？

回应：根据你的询问，我们假设你是在阿联酋经营的雇主。此外，假设你的公司每天有三班，每班8小时。因此，适用2021年《第33号关于劳动关系管理的联邦法令》（以下简称《就业法》）和《关于实施有关就业关系管理的2021年第33号联邦法令》（以下简称《2022年第1号内阁决议》）的规定。

在阿联酋，每天正常的最长工作时间是每天8小时或每周48小时。这符合《就业法》第17条第一款的规定。

在斋月期间，每天的工作时间减少了两个小时。这是根据《2022年第1号内阁决议》第15（2）条规定的："根据《就业法》第17条的规定，斋月期间的正常工作时间应减少两小时。"

因此，根据上述法律规定，你作为雇主可以将每班的正常工作时间从8小时减少到6小时，任何额外的工作时间都可能被视为加班。这符合《就业法》第19（2）条的规定。该条规定："如果工作情况要求雇员被雇用的时间超过正常工作时间，这种延长的时间应被视为加班，雇员应获得其正常工作时间的基本工资，并补充至少25%的工资。"

3. 社会阶级

社会阶级往往意味着社会矛盾。例如，在具有种姓制度的印度，不同种姓之间有严重的隔阂，如果同一事业部门下的不同员工既有高种姓也有低种姓，就为以后的矛盾爆发埋下了伏笔。即使是在明面上不具有所谓社会阶级的国家，在文化水平、家庭背景、收入水平等方面也存在隐性的阶级划分。因而，企业在海外雇用人员时，必须考虑社会阶级问题。

二、对人力资源的补偿与激励措施

格里高利·曼昆教授在《经济学原理》一书中阐明了"个体会对经济刺激作出反应"的经济学基本原理。如果企业期待员工为企业的发展做出贡献，那么就必须先对人力资源做出适当的补偿，同时采取激励措施。

（一）派遣人员的补偿

虽然员工被派遣到海外有利于其能力提升，但员工到海外工作必然会对其工作、生活甚至家庭产生一些影响。所以，企业对派遣人员进行适当的补偿是必要的。在当前的企业经营管理实践中，对派遣人员的补偿主要有以下几种形式。

1. 协商补偿

企业在派遣员工时，应与员工之间以平等的方式进行协商，根据员工的意愿以及企业的能力给予海外派遣员工合理的补偿。这种方式对企业和员工而言都是最好的，也减少了企业和员工之间因为海外派遣产生纠纷的可能性。

2. 当地物价水平补偿

当地物价水平补偿是指企业根据员工派遣目的国的物价水平核定补偿金额。当采取这种方式时，员工拿到的补偿会因所派遣国家的物价水平不同而有较大变化。因此，如果是发展中国家企业向发达国家派遣员工，员工的补偿就较高；但如果是发达国家企业向发展中国家派遣员工，补偿就较低，这往往会造成员工的不满。

3. 一次性补偿

企业根据员工所要派遣国家的物价水平、员工当前工资水平、所需要承担海外工作的难易程度与重要程度等，按照一定的公式计算出一个金额，并将其作为员工派遣的一次性补偿。在进行一次性补偿之后，企业对员工的工资待遇维持其原有水平即可。

4. 选择补偿

企业为员工提供一些选择，如允许家人陪同、给予经济补偿、答应职位晋升等。员工从其中选择自己需要的补偿条件，并接受海外派遣。这种方式给予了员工最大的选择空间与尊重，可以解决员工在接受海外派遣过程中最需要解决的问题，因此最受员工欢迎。

（二）当地雇员的报酬

对于那些企业在海外当地雇用的员工，他们的报酬核定通常要满足以下要求。

1. 符合当地收入的报酬

发达国家企业在发展中国家雇用当地员工时，按照本国收入水平核定收入，势必会增加企业的经营管理成本；相反，发展中国家企业在发达国家雇用当地员工时，同样不能按照发展中国家的收入水平核定报酬。因为既然是当地员工，企业必须按照当地的收入水平来给予员工合理的报酬。

2. 符合当地法律规定

我们都知道，不同国家的报酬构成不同，同样的到手金额，企业付出的成本也不同。比如我国的住房公积金制度，根据我国现行法律的要求，住房公积金应该是强制缴纳的。那么，来我国投资设立分支机构的国外企业，就必须要根据我国的法律要求调整员工的报酬构成。

三、人力资源的监督与评价

无论是从本国派遣员工还是在海外当地雇用员工，企业都要对员工的工作进行适当的监督和评价，这是企业保障海外经营成果的基础。

（一）对派遣管理人员的监督

企业在对海外分支机构进行监督的过程中，对分支机构派遣的管理人员的监督是最为重要的。因为，这些管理人员不仅对海外分支机构的经营成果负责，也对企业在海外的一系列经营活动的过程负责。在大多数情况下，企业对于这些海外派遣的管理人员都采取了以职务的适合性为中心的方式进行监督，即重点考量其是否适合担任海外的重要职务，具体包括：对下级员工的管理情况、对当地利益关系网的维护情况、资源投入的效率、预算执行的合规性、个人的品行问题等。需要特别注意的是，监督确实不可缺少，但过多的监督也会给管理人员履行职务带来障碍，通常情况下一年实施一两回即可。

（二）对当地雇员的评价

对于那些从海外当地雇用的员工，他们的工作也时刻影响企业的经营成果。因此，企业也要对他们进行评价。

1. 定量评价与定性评价

定量评价通常以可以量化的指标对员工的工作业绩进行评价，如销售额、业绩增长率、基于问卷调查的顾客满意度等。相反，定性评价则是更为主观的评价方式。可能在大多数企业眼中，定量评价似乎更为客观，但也必须要注意到看似简单且客观的定量评价，同样会出现"符合数学逻辑，但不符合社会逻辑"[①] 的问题。因此，定量与定性评价相结合才是最合适的。

2. 公开评价与非公开评价

这里的公开与非公开，并不是单纯指评价的过程及结果是否公开，而是指评价的标准是否公开。大部分企业会采取公开评价的方式，因为员工对这

---

① 数学模型的大规模应用极大地推动了经济学与管理学的进步，但学术界对其也有一定的反思。数学模型对于经济现象的描述越来越接近于经济现象本身，但数学模型并不能完全描述经济现象。由此，一些基于模型所得出的结论，完全符合数学逻辑，但不一定符合现实逻辑。

种方式较为信服。但也必须要注意到，为了满足公开评价的要求，员工可能存在刻意去满足评价指标，而忽略实际工作效果的行为。

3. 垂直评价与水平评价

垂直评价是指评价者与被评价者之间存在上下级关系的评价。需要注意的是，垂直评价并不一定是指上级对下级的评价，也存在下级对上级进行评价的情况。特别是上级对下级的评价带有明显的层级意味，强调了上级对下级的管理，也树立了上级管理者的权威。在一些强调平等文化的企业中，让同事之间进行相互评价的方式也是常见的，即所谓的水平评价。另外，在一些更加注重员工能动性发挥的企业中，自我评价也是重要的评价方式之一。

4. 短期评价与长期评价

那些对员工一年以内的业绩进行评价的称为短期评价，超过一年的称为长期评价。选择短期还是长期评价，与企业的雇用制度有密切关系。西方国家流行短期雇用，这就决定了企业不具备对员工进行长期评价的基础。相反，亚洲国家通常有长期雇用的传统，则可以进行长期评价。至于具体选择哪一种评价方式，企业应该根据员工职位特点来定。例如，对于销售岗位的员工而言，采取一年一评，甚至是一季度一评都是可以的；但对于那些需要长时间才能有成果的研发人员而言，短期评价显然是不合适的。

第四篇

经济风险及其管理

第一章　经济风险概念

一、经济风险的定义

在国际贸易中，有一些外部环境会影响到交易，也会影响到商人在国际贸易中的行为决策，同时还会给交易带来额外的不可控因素或不确定性。这些外部环境所带来的不确定性，可以统称为"经济风险"。

（一）影响国际贸易的环境因素

理论上讲，国际贸易是一种私人部门之间发生的商业交易，在不违反强行法的前提下，世界上大多数国家（或地区）政府都不会对国际贸易的具体行为进行干涉。国际贸易会依据当事人意思在自治原则下进行。

但就现实而言，商人的各种行为又切切实实受到了各种外界的影响，主要体现在以下三个方面。

1. 国际组织的规则

如联合国国际贸易法委员会、世界贸易组织等机构，这些机构的参与国众多，其所制定的各种规定会对国际贸易产生宏观或微观的影响。1980 年联合国国际贸易法委员会通过的 CISG 至今也是国际商品贸易中最常被选择的准据法；世界贸易组织发布的有关投资、服务贸易的框架规则，使国际贸易自由化得到了极大进展，给企业开展国际贸易带来了便利，但也使企业在经营过程中面临更多的国际竞争。

2. 国家间政治经济关系

原则上讲，国与国之间的政治关系不应该成为国际贸易的影响因素。但在现实中，国与国之间发生政治纠纷的时候，国际贸易会首先受到影响，一国政府往往会对那些与本国存在矛盾国家的企业进行或明或暗的制裁；一国消费者对那些来自非友好国家的产品往往带有负面情感，这自然也影响了消费者的购买行为。

3. 国际经济波动

作为经济活动，国际贸易自然受到国际经济环境的影响。这种经济影响可能来自两方面：一方面是宏观经济整体运行给国际贸易带来的影响。每当发生国际金融危机，又或是类似新冠疫情之类全球性传染病导致宏观经济衰退时，国际贸易的交易量都会出现明显的下跌。另一方面是国际金融市场波动给国际贸易业务带来的微观影响，这主要体现在汇率、利率变动给企业带来的收益波动上。

阅读材料

从整体情况来看，新冠疫情所带来的全球卫生、经济和社会危机会在诸多方面影响全球贸易，有些影响明显是负面的，还有些可能会是非常负面的。受疫情影响，全球经济严重衰退，在这方面中国算是一个特例，因为至少在2020年，中国的经济表现显著优于世界的平均水平。但是在未来的一段时间里，中国的出口商应当预计到国外的需求会在一段时间内萎缩，这就意味着中国的经济将比过去要更依赖国内的消费，而不是靠出口的拉动。

有一点非常清楚，虽然很多国家仍然不幸地深受疫情困扰，但是此次危机确实将极大地加速经济、社会、文化等体系的数字化进程。这当然会在不同方面影响贸易，比如3D打印，很显然会促进企业回流，特别是把制造业设置在离本土不远的地方。

从另一方面看，这也会加速服务贸易的数字化，比如金融服务、医疗、休闲娱乐等。总体而言，从中长期来看，经济的数字化将增加全球贸易的总量，尽管其中的部分因素会导致国际贸易的减少。（资料来源：《学习时报》，有删改）

因而，我们可以做出以下定义，国际贸易虽然是当事人（私人）之间发生的商业交易，但由于当事人位于不同关税区，交易会受到来自外界的影响，这些影响包括但不限于国际组织的规则变化、国家间政治经济关系的不确定性，以及国际经济波动，这些外部环境影响即为国际贸易中存在的经济风险。

（二）国际贸易的环境风险类型

无论国际贸易受到外界哪一种因素的影响，都会增加企业在国际贸易业务中遭受损失的可能性。经仔细观察，这些因素其实是可以分为两个大类的。

1. 外生因素

外生因素是企业无法控制的因素，对于企业而言，外生因素的变化会刺激企业在国际贸易业务中产生额外的收益或损失。因此，可以看出外生因素是一种经济学意义上风险，它带来的是一种对于未来的不确定性。不过需要注意的是，企业对于这种外生因素，不仅无法控制它的发生，对其发生也没有任何合适的对冲手段。例如，我们无法预见联合国国际贸易法委员会会在何时通过一项足以影响国际贸易的公约；2019 年中国签署《联合国关于调解所产生的国际和解协议公约》（以下简称《新加坡调解公约》），这或许将直接改变国际贸易纠纷的解决方式，企业无法阻止这种历史发展进程，只能在事件发生之后再去逐渐适应这种变化。

2. 内生因素

内生因素是否可以被预测在学术界存在争议。因为经济学家开发了多种用于预测宏观经济走势的数学模型，只说这些模型是基于过去数据整理的，对于预测未来存在一个"历史会重复"的假设。但不管内生因素对国际贸易产生的影响是否真的可以被预测，但至少有一点，内生因素的影响是可以被对冲的。例如，金融学家可以通过利率平价理论来预测汇率的走势，虽然这种预测建立在多种理想化的假设之上，且在很多情况下预测结果并不准确，但如果企业真的在意汇率变动对企业收入产生的影响，那么企业可以采取衍生品交易或者内部管理等方式来对冲这种风险。

综上所述，对于外生因素导致的风险，企业只能去适应，如果不能完全适应这种风险，企业就只能对风险采取回避的态度；如果风险来源于内生因素，那么企业就需要从多个方面提升风险应对能力，以实现风险对冲。

二、经济风险的管理逻辑

不同于商务风险和经营风险，经济风险给企业经营带来更多不确定性，而并不是确定的损失。因此，管理经济风险的基本逻辑是有别于管理商务风险和经营风险的基本逻辑。

（一）"鸡蛋不放在一个篮子里"——风险分散

对于那些来自外生因素的风险，一方面会给企业带来损失，另一方面企业对这种风险的发生完全没办法应对。但我们需要认识到，虽然外生因素带来的风险发生之后是一定会带来影响的，但风险未必一定会发生。如果企业在进行国际贸易业务布局的时候，将自己的各个业务布局到彼此关联度较低的领域，或者选择来自不同关税区的多个当事人进行交易，那么，每一个业务领域或者每一个交易对象都有可能产生风险，但所有业务领域或者所有交易对象同时发生风险的概率为零。因此，企业足以用没有发生风险业务的收益来弥补风险所带来的损失。这对于在风险发生时，维系企业的生存是十分重要的。

（二）"保守或激进"——战略选择

对于那些因内生因素而产生的风险，我们已经多次提到过，这种风险的本质是一种不确定性。既然是不确定性，那么就意味着并不一定会产生损失。在某些情况下，风险反而带来的是收益。例如，一个不参与生产的单纯贸易企业从某国进口货物在本国进行销售，又或是一个生产企业从某国进口零部件进行生产，假设下游产品的销售价格上涨，那么对于已经以低价格购买的货物或零部件，成本和售价之间的差异就会变大。下游产品的价格变化是企业不可控的，具有不确定性，但下游产品价格上涨的结果带来的却是一种收益。当然，反之也会带来损失。

在这种情况下，企业需要做出选择，是放任这种风险的存在，以求在某些情况下获得更高的收益，还是采取一些手段来消除这种风险的影响。我们有很多方法来应对不确定性，而问题是，如果我们选择消灭这种不确定性，那么风险带来的收益也会同时消失。对于企业而言，是要保守还是激进，这无所谓对错，但需要做出选择。因为企业不可能既要风险带来的收益，又要排除风险可能带来的损失。

（三）"服务有其价值"——对待风险的态度

那些走保守路线的企业，即需要对风险进行对冲的企业，是需要付出一定的代价的。企业的管理人员必须认识到，对风险进行对冲是一项专业的事情，需要专业的人员去做。同时，也需要认识到，当企业选择风险对冲，消失的绝对不仅是风险带来的损失，还是风险可能带来的收益。如果企业管理人员不接受这种收益的消失，而只追求对损失的管理，这是做不到的。

另外，风险的发生以及风险带来的是损失还是收益，均是不确定的，但对于风险的对冲是一种事前的确定行为。这意味着，企业如果选择风险对冲，那么不管最后风险是否发生，在对冲过程中已经付出的成本是无法收回的。因此，企业在面对风险的时候，需要对风险管理有一个正确的认识，如果选择风险对冲，就要认识到其所带来的结果是"无论风险发生与否、无论风险带来收益还是盈利，企业都不受其影响"。相反，如果风险未发生，企业将所付出的风险对冲成本视为一种浪费，这就是不正确的态度。

第二章　影响国际贸易的外生环境因素

国际组织的规则是最常见的影响国际贸易的外生环境因素。一般来说，国际组织不会直接去干涉具体的国际贸易业务，但任何与国际贸易相关的国际组织做出的任何决定，都会在宏观上影响或改变国际贸易环境。因此，了解这些国际组织对国际贸易环境产生的影响具有重要意义。

一、官方国际组织

所谓官方国际组织，即以国家（或地区）合法政府为基础单位组织起来的组织。这些组织所订立的各种国际公约，一方面成为国际商法的重要来源，另一方面也在不断改变国际贸易的秩序。

（一）世界贸易组织

世界贸易组织，或称世贸组织，可以说是最为有名的国际贸易组织了。虽然世贸组织正式成立于20世纪90年代，但其真正的历史可以追溯到第二次世界大战之后的布雷顿森林体系下的《关税与贸易总协定》。世贸组织所推崇的贸易自由化原则（削减关税、减少其他贸易壁垒）、非歧视原则（国民待遇原则、无条件最惠国待遇原则）等，使国际贸易得到了极大的发展，而加入世贸组织也成为一些国家经济迅速发展的契机。

阅读材料

很多人在讨论中国经济发展的时候，都认为1979年的改革开放是我国经济腾飞的起点，但从数据来看并非完全如此（见图4.1）。我们不能否认改革开放对于我国经济腾飞的重要意义，但至少根据公开数据我们可以看到，中国经济的起飞其实在党的十一届三中全会之后并不是太明显。直到20世纪90年代初，改革开放的总设计师邓小平南方谈话，确立了社会主义市场经济体制后，中国经济才有了明显的增长。

进入21世纪之后，我国的经济开始了指数级的增长，而2002年正是我国加入世贸组织的重要历史时间点。可以认为，加入世贸组织，以我国具有的比较优势融入世界供应链体系，为我国经济增长注入了强大动能。

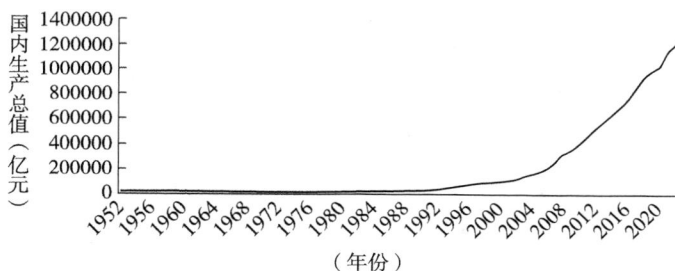

图4.1　1956—2020年国内生产总值

资料来源：国家统计局。

1. 贸易自由化原则

无论是削减关税还是减少其他贸易壁垒，从宏观上看，实现贸易自由，一定可以带来贸易量增加、社会福利增加的经济效果。但对于企业个体而言，这并不能保证一定是好事。例如，一个处于夕阳产业群中的企业，或者在国际供应链上存在众多强大竞争对手的企业，贸易自由化就意味着这个企业要面对更多的市场竞争。如果企业自身的能力不足，一个国家宣布实行自由贸易政策，对企业而言其实意味着外部环境的恶化。

2. 非歧视原则

这也是促进自由贸易，特别是促进国家或地区间贸易的举措。国民待遇原则意味着进口产品享有与本国产品同等的待遇，而无条件最惠国待遇原则则要求将优惠待遇适用于所有其他贸易伙伴。对于那些有实力的企业，这是一个机会，但对于那些实力欠佳的企业，这将是一个挑战。

阅读材料

中国加入 WTO 将对中国的企业市场、经济结构和政府管理三个领域产生冲击。权威专家分析认为，加入世贸组织对中国以下七大行业影响最为明显。

（1）纺织服装业。中国是全球最大的发展中国家纺织品出口方。加入WTO 后，中国将成为纺织品贸易自由化最大的受益者。

（2）农业。加入 WTO 后，不利方面是，中国必须取消所有农产品的非关税措施，降低农产品进口关税水平，使国内农产品市场受到外国产品的冲击；有利方面是，可以享受无歧视贸易待遇，改善农产品出口环境，有利于调整农业产业结构和农产品出口结构，有利于农业扩大对外开放。

（3）汽车业。加入 WTO 对中国汽车工业结构调整会有很大的促进作用，但从外贸、技术、价格多种角度来看，中国汽车工业面临许多不利的竞争因素。世界著名的汽车集团都会尽最大的可能介入中国市场，必然造成国内厂商的结构变化。在产品结构方面，一些附加值高的产品将受到明显的冲击。

（4）计算机业。加入 WTO 后，中国必须执行《信息技术协定》。到 2005年，中国信息产品的关税将由目前的平均 13.3% 降为 0。由于外国公司将可以在国内设立自己的销售机构，其在中国的销售力量大大加强。此外，中国计算机产品的进口关税将逐步降低，使国内计算机硬件市场竞争更加激烈。但是，加入世贸组织对中国软件行业的影响不大。这是因为，中国大部分软件公司以应用软件和系统集成为主，这些软件都涉及具体国情，加上国内软件公司的人力资源成本很低，大多是民营企业，运行机制灵活，在应用软件和系统集成领域占有优势。

（5）电信业。面对 WTO 的压力，国内通信制造业存在的问题主要是产品结构趋同，难以规避市场风险。高负债经营给国内通信企业带来的压力也非常大。品牌过多，难免存在地方保护主义和恶性竞争的隐患。技术储备力度不够，将大大削弱国有品牌开发国际市场的能力。

（6）医药业。加入 WTO 后，中国医药产业本身所存在的一些弊端会直接影响其生存和发展：仿制药过多，已使中国丧失当前主流医药市场的绝大部分；缺乏知识产权的保护，使大量的科研成果和医药资源外流；新药开发重复现象普遍，使得垄断利润很少，无法适应竞争。

（7）造纸业。专家估计，加入 WTO 后，中国 60% 的造纸企业将受影响，可能导致 70 万人失业。（资料来源：《中国贸易报》，有删改）

加入 WTO 是一把"双刃剑"，一方面加入 WTO 可以让一个国家获得更多参与国际贸易的机会，融入国际供应链；另一方面会让一个国家面临更加残酷的市场竞争。

（二）联合国下属机构

联合国是第二次世界大战以后维护国际秩序的重要一环，为当前世界提供了纠纷和问题的解决平台。联合国下设的一些国际机构同样对国际贸易有重要的影响力。

1. 联合国可持续发展集团

也许很多人没有听说过这个组织，这个组织是联合国下设的全球联合政策制定和决策的高级别论坛，负责指导、支持、跟踪和监督 162 个国家和地区发展业务的落实。该集团由 37 个实体组成，我们所熟知的世界卫生组织、联合国儿童基金会、联合国教科文组织等都是该集团的组成实体。在这 37 个实体中，国际贸易中心、联合国贸易和发展会议与国际贸易直接相关，而一些其他实体也会与国际贸易有间接关联。例如，联合国非洲经济委员会、联合国拉丁美洲和加勒比经济委员会就与地区经济贸易关联；世界知识产权组织、国际农业发展基金等，会在各自的领域与国际贸易发生关联。

2. 联合国国际贸易法委员会

这可能是在宏观上对国际贸易影响最大的联合国机构了。联合国国际贸易法委员会发布了一系列国际通行的规则，如我们熟知的《联合国国际货物销售合同公约》，这是一部订于 1980 年的有关商品贸易合同订立与履行规则的公约；《新加坡调解公约》，这是一部改变国际贸易纠纷解决方向的公约。

与联合国可持续发展集团对贸易的宏观管理不同，联合国国际贸易法委员会所颁布的各项公约，虽然是由主权国政府来签订，但影响的是贸易实务一线的从业者。因此，对于参与国家贸易的企业而言，可以说联合国国际贸易法委员会带来的影响要远大于联合国可持续发展集团。

二、民间国际机构

除了以各国家或地区政府为主体的官方组织，在国际上还存在一些影响国际贸易的民间组织。这些组织虽然不以各国家或地区政府参与的形式组成，但对于国际贸易的影响也不容忽视，甚至对国际贸易实务的影响更为直接。

（一）国际商会

国际商会是一家总部位于巴黎的民间商业组织，早前可以说只是欧洲地区商人们的自助团结组织，为商人争取合理利益做出了积极贡献。国际商会属于国际组织，让不同国家的商人能彼此进行顺利的交易，是其存在的重要目的之一，也正因如此，国际商会在统一全球商业惯例方面做出了巨大贡献。比如几乎在所有贸易合同中都可以看到的《通则》，就是国际商会对国际贸易的最大贡献。事实上，除《通则》外，涉及国际贸易的银行间业务处理也基本遵循了国际商会所制定的规则。例如，在使用信用证结算的过程中，UCP（《跟单信用证统一惯例》）、ISBP（《关于审核跟单信用证项下单据的国际标准银行实务》）就成为世界各国银行的行为标准以及企业缮制单据的标准；而 URC 又成为托收结算的标准。但需要注意的是，国际商会的这些商业惯例并不是一成不变的，而是在动态修订着的，关注这些变化对减少贸易实务中的错误和纠纷十分重要。

阅读材料

我院在审理涉外合同纠纷案件中，发现一些企业特别是中小企业运用国际贸易通行规则的经验不足，防范和应对外贸风险的水平不高，开展对外贸易的能力不强，在外贸活动中存在以下问题。

1. 企业外贸人员对国际贸易术语规则了解不够

1920 年 6 月在巴黎成立的国际商会制定的《国际贸易术语解释通则》，完整总结并解释了国际贸易中与价格密切相关的贸易条件和各方当事人应当承担的义务，共两大类十一种。其虽不是强制性规范，但已被世界各国共同理解和普遍接受，成为一种国际惯例并被交易各方一致遵守。我院在案件审理中，发现很多从事对外贸易的中小企业对于涉外合同约定的交易条件，如 CIF、FOB、CFR 等基本含义及运用规则都不知晓，也不清楚在不同交易条件下货物运至目的港时清关费用及税费承担主体会大有不同，更没有在缔结合约时就相关费用如何承担及支付充分协商，以致发生纠纷后陷于被动。

2. 外贸从业人员签订和审查涉外合同的能力不强

签订涉外合同时，很多中小企业外贸从业人员简单认为，只要合同双方选择适用了《国际贸易术语解释通则》，就可以完全确定有关运输安排、保险购买、各方应付费用的义务指向和交货时间等一切合同内容。其实不然，因《国际贸易术语解释通则》项下的所有贸易术语均系任意性规则，有关合同标的物应付价格、支付方式、货物所有权的转让或违约责任等其他问题，当事人仍需结合国际贸易术语规则另行补充约定，充分表达自身合同意愿，尽最大限度防范风险。

3. 中小企业签订涉外合同时争取己方利益最大化的国际贸易经验不足

一般来说，所有涉外大宗设备买卖合同的标的物都要经过安装、调试至能正常使用后才进行验收。验收合格是买方（多为中方企业）评估自身达成合同目的和卖方（多为外方企业）享有标的物价款求偿权的前提。开展对外贸易的企业应当充分考虑到涉外贸易的风险及履约的现实时空困难，应尽可能争取缔结对己方利益最大化的合同条款。很多企业特别是中小企业签订的外贸合同在形式上并无不妥，但内容条款明显对自己不利。有的竟混淆了定金和订金的概念，有的则没有考虑到国际贸易时空的距离，约定的验收付款条款增加了己方履约的现实困难和成本。（资料来源：中国法院网，有删改）

（二）英国伦敦保险人协会与劳合社

这是关于贸易保险的民间组织。虽然伦敦保险人协会与劳合社只是英国国内的机构，但由于历史上英国曾经称霸海洋，进而掌控国际贸易，而伦敦保险人协会与劳合社为英国的国际贸易提供了保险服务，因此伦敦保险人协会与劳合社也成了足以影响世界的组织。特别是我们现在熟知的《协会货物保险条款》（ICC），就是由这两家英国组织制定的。

三、官方协定

事实上，除了一些国际机构，各国政府也会根据本国经济发展的需要，与其他国家订立一些官方协定。这些官方协定同样会给国际贸易带来重大的外部环境变化。从大趋势来看，这种官方协定让国际贸易越来越自由，同时各国之间生产要素的移动也越发频繁。

（一）自由贸易协定

自由贸易协定（Free Trade Agreement，FTA），学术界将其简称为"自贸协定"。这是一种由两国（或地区）政府所订立的一种协议。这种协议旨在减少两国（或地区）之间的贸易壁垒，让货物可以更加自由地在两国之间移动。在理想状态下，地区间可以存在完全没有贸易壁垒的区域，在概念上我们将这种区域称为自由贸易区（Free Trade Area）。对企业而言，这种自由贸易区的形成，一方面能让对方国家人民更容易成为自己产品的消费者，另一方面会使对方国家的企业成为自己的直接竞争对手。因此，如果企业所在国家签订了自贸协定，对于企业而言，将是机会与挑战并存。

阅读材料

五中全会提出："坚持开放发展，必须顺应我国经济深度融入世界经济的趋势，奉行互利共赢的开放战略，发展更高层次的开放型经济，积极参与全球经济治理和公共产品供给，提高我国在全球经济治理中的制度性话语权，构建广泛的利益共同体。"

中韩、中澳自贸协定于 2015 年 12 月 20 日正式生效。两个协定实施后立即按照关税减让清单实行第一次降税。2016 年 1 月 1 日，实施第二次降税。经过一定过渡期后，两个协定贸易项下绝大多数货物最终将实现零关税。

中韩、中澳自贸协定正式生效，不仅能给百姓生活带来实惠，对企业生产带来利好，对我国对外经贸格局也将产生积极影响。中国自贸区"朋友圈"的进一步扩容，助推外向型经济迈出新步伐。

"自贸协定生效后，对普通消费者而言最直接的实惠，是商品价格更低、选择更多。"上海海关学院教授、海关税收研究中心执行主任李九领说。自贸协定实施后，中韩自贸协定项下，6108 个税号项下中国原产货物、1649 个税号项下韩国原产货物将在对方国家立即享受零关税；中澳自贸协定项下，5662 个税号项下中国原产货物、2402 个税号项下澳大利亚原产货物将在对方国家立即享受零关税。

协定生效当天，澳大利亚婴幼儿配方奶粉关税从 15% 降为 12%，2016 年 1 月关税再降到 9%。澳大利亚的龙虾、帝王蟹、鲍鱼等海洋食品的综合税负也下降了 2% ~3%。

海关总署关税司原产地办公室副主任宋彦魁介绍，根据降税安排，中韩自贸协定设置了最长为 20 年的过渡期，但具体到细分产业和商品上，中韩项目绝大多数产品将在 10 年内取消关税。对中国消费者来说，自韩国进口的电饭锅、电烤箱、电磁炉以及按摩仪、美容仪等均将在 10 年内取消目前 15% 的关税。而中澳自贸区更是在货物领域达到了很高的自由化水平，"协定生效后，双方进口商品关税直降为零的进口额占比均高达 85.4%。"

尽管除了关税，进口商品的价格还受多种因素制约，但无论怎样，大幅度大范围降低进口关税为降低进口消费品价格提供了空间。李九领说："从长远看，降低进口关税是我国稳增长、调结构、惠民生的重要举措，将对合理增加消费品进口，满足消费者消费需求多样化，促进国内消费升级，推动国内相关产业转型升级以及平衡国际贸易产生积极作用。"（资料来源：《人民日报》，有删改）

事实上，我国正是一个大力主张签订自贸协定的国家。早在 2014 年年底，习近平总书记在主持中共中央政治局第十九次集体学习时就强调，站在新的历史起点上，实现"两个一百年"奋斗目标、实现中华民族伟大复兴的中国梦，必须适应经济全球化新趋势、准确判断国际形势新变化、深刻把握国内改革发展新要求，以更加积极有为的行动，推进更高水平的对外开放，加快实施自由贸易区战略，加快构建开放型经济新体制，以对外开放的主动赢得经济发展的主动、赢得国际竞争的主动。

根据中国政府网披露的数据，截至 2024 年上半年，我国已与 29 个国家和地区签署了 22 个自贸协定，同时还有一些自贸协定正在谈判及研究中。

（二）关税同盟

对于一个国家而言，自由贸易协定可以极大增加国家的贸易量，这种贸易量的增加体现在两部分：一是贸易创造效果。随着贸易壁垒的降低，产品价格降低，根据基本的供求关系原理，两国的贸易量就会增大，这种贸易量增大的过程是随着产品价格降低从无到有的过程。二是贸易转移效果。由于两国之间的贸易壁垒降低，两国在彼此间进行贸易的难度要远低于与第三国进行贸易。此时，部分原本与第三国之间的贸易会转到两国之间进行，从而让两国贸易量增大，这种增大是通过掠夺第三国贸易量来实现的。

当然，这并不意味着自由贸易协定只有正向的影响。试想，如果 A、B 两国之间通过自由贸易协定实现了零贸易壁垒，而 A 国对其他第三国执行较高壁垒政策，B 国对其他第三国执行中等壁垒政策。那么，本应该直接进入 A 国的商品，是否会经由 B 国，再间接进入 A 国呢？这是一种迂回贸易现象。这种现象一方面让本应属于 A 国的关税税收转由 B 国获取，另一方面这种迂回贸易本身就是一种资源浪费。这可以看成自由贸易协定所带来的副作用。

要消除这种副作用，我们有两条路可走：一是放弃自由贸易协定。这显然不是一个好的选择，自由贸易必然是未来的趋势。对于一个国家，特别是对于像我国这样一个贸易依存度偏高的国家而言，放弃自由贸易协定等于是放弃未来经济增长的机会。那么我们只能选择第二条道路。二是让 A、B 两国对其他第三国执行同等的贸易壁垒政策，让迂回贸易彻底丧失生存的土壤。这种在自由贸易协定的基础上，对外执行共同贸易壁垒政策的国家间所形成的关系，被称为"关税同盟"。

阅读材料

2010 年 7 月 6 日，俄、白、哈《关税同盟海关法典》生效，标志着三国组建并完成统一经济空间第一阶段的工作。签署《关税同盟海关法典》的宗旨是深化三国间的经济合作和推进经济一体化进程。从 2011 年 7 月起，三国取消了相互之间的海关，商定了统一对外关税。2012 年 8 月，俄罗斯加入 WTO，根据俄罗斯加入世贸组织的承诺，关税同盟成员国重新修订了关税同盟统一对外关税，相比原有水平进一步降低，同时也规定了部分产品和领域的过渡期。由于三国均致力于加入 WTO，特别是俄罗斯加入 WTO 后，关税同盟法律法规和通行做法已经或正在向 WTO 规则靠拢，关税同盟已不再像独联体范围内原有的自贸协议或一体化组织那样游离于 WTO 体系之外、不被国际贸易体系承认。

根据欧亚经济委员会的统计，2012 年 1 月至 10 月，关税同盟成员国的区外贸易总额 7728 亿美元，同比增长 4.7%，其中出口 4964 亿美元，同比增长 4.8%，进口 2764 亿美元，同比增长 4.5%。其中，白俄罗斯出口 253 亿美元，同比增长 19.8%，进口 151 亿美元，同比下降 11.8%；哈萨克斯坦出口 717 亿美元，同比增加 9.3%，进口 210 亿美元，同比增加 31.4%；俄罗斯出口 3994 亿美元，同比增长 3.2%，进口 2403 亿美元，同比增加 3.8%。

同期，关税同盟成员国间贸易总额 568 亿美元，同比增长 9.3%，其中白俄罗斯与哈萨克斯坦实现贸易总额 8 亿美元，同比增长 17.4%，俄罗斯与白俄罗斯实现贸易总额 366 亿美元，同比增长 12.9%，俄罗斯与哈萨克斯坦实现贸易总额 194 亿美元，同比增长 2.8%。应该说在当前国际经济形势不景气的大环境中，无论是关税同盟成员国与区外的贸易，还是关税同盟成员国之间的贸易，能保持如此的增长水平确实来之不易，这与关税同盟运作以来产生的贸易创造和贸易转移效应有很大关联，也与俄罗斯加入世贸组织后关税同盟成员国在贸易便利化、政策透明度等方面的改进有一定的关系。（资料来源：中华人民共和国驻白俄罗斯共和国大使馆经济商务处，有删改）

（三）共同市场

有一种观点认为，关税同盟是为了弥补自由贸易协定的缺陷而出现的。事实上，关税同盟确实对自由贸易协定所带来的迂回贸易问题做出了修正，但这并不是说关税同盟就是一个有利于地区经济发展的完美的官方协定。

从经济学原理来讲，一个国家选择征收关税的目的有两个：一是通过征收关税来增加本国政府的收入；二是通过对特定进口产品征收关税来抬高特定产品进入本国市场的壁垒，以此达到保护本国幼稚产业的目的。对于大多数国家而言，保护本国产业可能是征收关税的最主要目的。因此，如果两个国家对域外第三国采取相同的关税政策，说明这两个国家之间对于幼稚产业的保护具有相同的需求，但这显然是不太可能的。因此，在达成关税同盟的过程中，所形成的针对域外的同一关税政策，通常是国家间折中妥协的结果。据此有研究认为，关税同盟在避免了迂回贸易问题的同时，实际上也降低了关税的效果。

那么要解决此问题，同时又要避免自由贸易协定所带来的迂回贸易问题，只能让形成关税同盟的两个国家在产业结构上变得相近，以此让两国在对外关税政策上具有相同的需求。在当前的国际经济环境下，生产要素通常被允许在国家间自由移动，以达到合理分配生产要素，平衡两国之间产业结构的目的。如果两国采取这种手段，它们之间的关系就不再是关税同盟了，而被称为"共同市场"。

阅读材料

南方共同市场（以下简称"南共市"）是当今世界第三大区域性贸易组织。1991 年 3 月 26 日，阿根廷、巴西、乌拉圭和巴拉圭 4 国在巴拉圭首都亚松森签署《亚松森条约》，宣布建立南方共同市场。1995 年 1 月 1 日，南共市正式启动。

它是世界上第一个完全由发展中国家组成的共同市场，是拉美最大的一体化经济组织。2023 年年底，南共市总人口约 2.95 亿，国内生产总值近 2.7 万亿美元，占拉美地区国内生产总值的一半左右。该组织的宗旨是通过有效利用资源、保护环境、协调宏观经济政策、加强经济互补，促进成员国科技进步和实现经济现代化。南共市巳扩大为拥有 6 个成员国和 6 个联系国［其中，正式成员国为阿根廷、巴西、巴拉圭、乌拉圭、玻利维亚和委内瑞拉（因国内局势自 2017 年 8 月起被无限期暂停成员国资格），联系国为智利、秘鲁、哥伦比亚、厄瓜多尔、苏里南、圭亚那］的地区经济组织，还同中国、欧盟、日本、俄罗斯和韩国等建立了对话或合作机制。智利已就成为正式成员同南共市进行谈判。（资料来源：外交部，有删改）

（四）完全经济一体化组织

在人类经济发展史上，地理上临近、经济上相互依存的国家逐渐在经济领域，乃至政治领域进行统合是一个趋势。前面我们提到的自由贸易协定、关税同盟、共同市场，其实就是国家间从分散到统合的一个过程。实际上，在完成共同市场的统合之后，经济领域的一体化就已经达到了一个高度，进一步的统合就会牵扯到政治领域。

在当今的世界环境中，欧盟可能是人类所建立的最接近完全一体化的组织了。当前的欧盟在政治、经济，甚至军事领域实现了一定程度的统合，完成了欧洲中央银行、欧洲议会的建立。这些统合措施让欧盟成为国际贸易市场上的一个重要参与者，甚至可以说是一些领域的规则制定者，这深刻影响了国际贸易环境，也左右了国际贸易秩序。但从概念上我们需要知道，欧盟仍然不能算作一个完全的经济一体化组织。

第三章　影响国际贸易的内生环境因素

在对影响国际贸易的内生环境因素进行讨论前，我们需要先对内生环境因素下一个定义。严格意义上，在经济学领域，内生变数通常指那些可以被模型定义，需要解读的变量。因而我们将内生环境因素定义为可以被国际贸易商人掌控且加以管理的变量。仔细观察可以发现，其实在国际贸易中能被当事人掌控的外部环境因素并不存在，但有的环境因素所造成的影响可以被商人们管理，而外汇则是其中具有代表性的因素。因此，本章将以外汇作为主要研究对象来探讨影响国际贸易的内生环境因素问题。

一、外汇及其风险的定义

（一）外汇的基本定义

在很多语境下，外汇被简单理解为"外国的钱"，但这种理解是相对片面的。要理解外汇首先要理解"汇"的概念。"汇"的英文为"exchange"，从字面来理解是交换的意思。本书认为，"汇"所代表的交换其实是一种手段，一种用于完成商业交易中当事人之间资源交换的手段。更进一步讲，"汇"可以理解为一种完成商业活动中当事人之间权利与义务清算的手段。例如，A向B购买了某件商品，那么A就有了向B支付商品对价的义务；与此同时，B获得了一个向A收取商品对价的权利。此时，A向B支付的货款即为"汇"。按照这种定义，如果A完成B交代的任务，或A向B交付了同等价值的其他商品，这都可以算是完成A与B之间权利与义务的清算，那么金钱、任务、其他商品其实都可以称为"汇"。只是在现在的商业环境下，以任务或者其他商品作为清算手段的情况并不多见，在多数的商业交易中，金钱是主要的权利与义务清算手段，而这也让我们产生了一种误会，即"汇"就是金钱。正确的理解应该是金钱是"汇"的一种，而且是最常见的一种，但金钱绝非唯一的"汇"。

如果这种权利与义务的清算发生在跨关税区的交易中，那么这种"汇"就可以称为"外汇"了。在当今的国际贸易环境中，一个清算手段要受到商人们的承认，这个手段一定要有广泛的信用支持，且具有高度的流通性。从当前来看，美元、欧元、英镑、日元已成为最重要的清算手段，也成为国际贸易中最常使用的外汇。我国的法定货币——人民币，当前没有成为国际贸易中的主要结算手段，在国际贸易结算中的占比也并不高，但推进人民币国际化是我国的国策，随着"一带一路"倡议的深化，人民币成为主流外汇指日可待。

阅读材料

2022 年以来，中国人民银行以习近平新时代中国特色社会主义思想为指导，认真贯彻落实党中央、国务院决策部署，坚持稳中求进工作总基调，坚持改革开放和互利共赢，统筹发展和安全，有序推进人民币国际化，服务构建新发展格局和经济高质量发展，人民币国际化稳中有进，呈现一系列新进展、新变化。

跨境人民币业务服务实体经济能力增强。跨境人民币业务制度基础更加完善，本外币政策协同强化，经营主体使用人民币跨境结算以规避货币错配风险的内生动力增强。2022 年，银行代客人民币跨境收付金额合计为 42.1 万亿元，同比增长 15.1%。其中，货物贸易人民币跨境收付金额占同期本外币跨境收付总额的 18.2%。2023 年 1—9 月，人民币跨境收付金额为 38.9 万亿元，同比增长 24%。其中，货物贸易人民币跨境收付金额占同期本外币跨境收付总额的 24.4%，同比上升 7 个百分点，为近年来最高水平。

人民币融资货币功能提升。境内银行境外贷款、境外机构境内债券发行等政策相继出台，人民币投融资环境持续改善。2022 年年底，国际清算银行（BIS）公布的人民币国际债务证券存量为 1733 亿美元，排名升至第七，同比提升两位。环球银行金融电信协会（SWIFT）数据显示，2022 年年底，人民币在全球贸易融资中占比为 3.91%，同比上升 1.9 个百分点，排名第三。2023 年 9 月，人民币在全球贸易融资中的占比为 5.8%，同比上升 1.6 个百分点，排名上升至第二。

离岸人民币市场交易更加活跃。2022 年，中国人民银行与香港金融管理局（以下简称"香港金管局"）签署常备互换协议，并扩大资金互换规模，进一步深化内地与香港金融合作。2022 年以来，先后在老挝、哈萨克斯坦、巴基斯坦、巴西新设人民币清算行，海外人民币清算网络持续优化。2022 年年底，主要离岸市场人民币存款余额约 1.5 万亿元，重回历史高位。国际清算银行（BIS）2022 年调查显示，近三年来人民币外汇交易在全球市场的份额由 4.3% 增长至 7%，排名由第八上升至第五。

下一阶段，中国人民银行将坚持以习近平新时代中国特色社会主义思想为指导，认真贯彻落实党的二十大部署，以市场驱动、企业自主选择为基础，有序推进人民币国际化。聚焦贸易投资便利化，进一步完善人民币跨境投融资、交易结算等制度和基础设施安排，加快金融市场向制度型开放转变，构建更加友好、便利的投资环境，深化双边货币合作，支持离岸人民币市场健康发展，促进人民币在岸、离岸市场形成良性循环。同时，健全本外币一体化的跨境资金流动宏观审慎管理框架，提升开放条件下的风险防控能力，守住不发生系统性风险的底线。（资料来源：中国人民银行网站，有删改）

（二）外汇风险的产生

由于不同国家所使用的法定货币不同，国际贸易不可避免会涉及不同货币之间的单位转换问题。这种货币之间的来回转换，就会造成当事人所持有的资产价值发生变动。例如，我国企业在生产过程中完成一批货物的生产待出口，这批货物价值 100 万元人民币，在美元兑人民币汇率为 7 的时候，这批货物在市场上应定价为 100/7 万美元，但如果美元兑人民币汇率变动为 8，那么这批货物则应以 100/8 万美元的价格出售。因此，企业在从事国际贸易业务时，其货物的市场定价可能随着汇率变动而变动，同时企业在国际金融市场上所产生的债权债务的本国货币价值也会随着汇率变动而变动。这种价值变动对于当事人而言不可预知，这就是外汇风险的来源。

这里有一个问题需要讨论，我们之所以说汇率的变动会带来外汇风险，是因为我们做了一个假设，即汇率的变动不可预测。事实上，在金融外汇领域，经济学家开发了很多用于预测汇率的模型，既然如此，汇率是否真的无法预测呢？要回答此问题，我们要先了解那些用于预测汇率的模型成立的假设。

与经济学模型要在一定假设上才成立一样，汇率预测模型同样也建立在一定的假设上。虽然不同模型的假设略有不同，但它们存在一个共同的假设，即"历史会重复"。具体来讲，这些预测汇率的模型都是以历史数据为基础而建立的，学者通过总结历史规律，发现某一事件发生时会对汇率的走势产生特定影响。但是需要注意的是，在未来发生类似事件时，汇率是否会出现类似的走势其实并不一定。因此，如果历史不能完全重复，那么这些预测汇率的模型并不能保证永远正确。

另外，为了研究的便利，经济学模型通常会将一些变量理想化。例如，在汇率预测领域知名度较高的购买力平价理论，就假设贸易壁垒不存在。这些假设通常在现实中都是不成立的。我们使用模型时可能会发现一些奇怪的现象，即使用不同的模型，数据都是正确的，汇率走向却截然不同。因此，即便是最优秀的经济学家，也不敢肯定自己能准确地预测汇率。

阅读材料

美国哈佛大学经济学教授罗格夫（Kenneth Rogoff）1980 年从麻省理工学院博士毕业后，在美联储找到一份工作。上司让他去做汇率预测。于是他与人合作撰文，得出令人沮丧的结论：短期来看，短至数月长至一年，汇率难测，众多模型的表现还赶不上随机漫步。这篇于1983年发表的论文至今仍被广泛引用，成为经典。这也被人称为米斯-罗格夫之谜。而我们回顾过去几年美元指数的走势，不难发现，即便是专业人士，对于汇率波动的预测，正确率可能也不尽如人意。

■ 2017年美联储加息三次，美国经济强劲，企业盈利丰厚，股市大涨，但美元指数不仅未涨，反而暴跌10%以上，令一众看涨的预测者大跌眼镜。

■ 耶鲁大学教授罗奇于2020年6月撰文，预测至2021年年底美元将贬值35%。在当年接下来的时间里，美元指数却连续单边下行。

■ 2021年1月，罗奇信心满满再次以"美元的暴跌才刚刚开始"为题撰文重申他的预测，但2021年美元指数劲升6.7%。

由此可见，即便是专业人士，预测汇率也是一件很冒险的事情。各方面因素呈动态博弈之势，加之潜在的地缘政治和局部冲突干扰，未来的汇率注定难以预测。企业仍应遵循风险中性的理念，认清楚偏离风险中性的投机套利只会额外增加风险。（资料来源："寻汇SUNRATE"百家号，有删改）

（三）外汇风险的种类

既然准确预测汇率是一件不可能的事情，那么企业就必须对外汇风险进行管理。在这之前，需要对外汇风险做出一个合理的归类。

1. 交易风险

企业在从事国际贸易的过程中，如果发现本国的法定货币与国际贸易结算货币不一致，那就一定会存在货币之间转换的问题。由于国际贸易合同的订立与最终结算之间存在一定的时间差，那企业订立合同时预期自己的收入或支出与最终得到的收入或支出就会存在差异。这种差异是汇率变动带来的，称为外汇交易风险。

2. 会计风险

会计风险又可以称为转换风险，这是由跨国企业在会计核算时进行货币转换带来的外汇风险。根据当前的法律制度，一个企业无论其资本来源于哪一个国家，它在一个国家设立独立法人的时候，该独立法人的会计处理应使用其所在地国家的法定货币。例如，特斯拉虽然是一个美国企业，但特斯拉中国工厂的所有会计处理都应该以人民币为单位。特斯拉的全球总部每年在进行核算的时候，中国工厂的营业情况也需要换算美元之后纳入核算范围，此时就会产生因货币换算而带来的资产价值变动。

3. 经济风险

经济风险对开展国际贸易业务的商人来说是一种巨大的影响。通常是指一些极端经济环境的改变，导致外汇市场出现严重动荡，此时的汇率变动程度已经影响到了企业的生存。

阅读材料

今年以来，非洲多个国家的货币集体贬值，美元在当地供不应求。以记者所在的埃及为例，埃及镑由原来的约 18 埃镑兑 1 美元，贬值到 30 埃镑兑 1 美元。在黑市，甚至需要 40 埃镑才能兑换 1 美元。数据显示，津巴布韦、马拉维货币分别贬值了 80%、44%。

进入下半年后，这种现象尤其明显。10 月中旬，尼日利亚奈拉一度跌至 999 奈拉兑 1 美元，民间交易汇率也创下历史新低，需要 1300 奈拉才能兑 1 美元。赞比亚、乌干达、安哥拉等国的货币 10 月也开启了新一轮下跌。所有非洲新闻网报道称，至少有 10 个非洲国家货币兑美元汇率年内贬值超 10%。

国际货币基金组织（IMF）日前发布的研究报告显示，大多数撒哈拉以南非洲国家的货币兑美元汇率均有不同程度的走弱，商品进口价格飙升加剧了整个非洲大陆的通胀。津巴布韦《星期日邮报》报道称，货币贬值导致商品价格不断攀升，日常生活中不可或缺的面包，价格暴涨至每个 1 万津元（约合 199.28 元人民币）。

当被问到非洲货币贬值潮预计何时可以结束，埃及"金融网站"编辑塔伊布回答《环球时报》记者说："我很难预测，但有一点可以肯定，只要美国

继续奉行不负责的货币政策，疯狂上调利率，非洲国家货币贬值的势头就难以遏制。"（资料来源："环球时报"百家号，有删改）

从外汇风险的分类来看，会计风险只是一种账面资产变化，对于企业的经营活动并不会产生大的影响，因此通常可以不予管理。而经济风险则是由外部环境激变所带来的巨大风险，企业对此往往也无能为力。因此，对于外汇风险的管理，实际上就是针对交易风险的管理了。

二、外汇风险带来的危害

外汇风险是一种典型的经济学意义上的风险，它并不一定会带来损失，它带来的只是一种不确定性。企业在面对外汇风险时，有可能会遭受损失，也有可能能从外汇风险中获利。

例如，一个中国企业在与外商订立出口合同时，货物报价为 100 万美元，合同订立时的美元兑人民币汇率为 7。合同订立时尚未完成结算，此时中国企业可以获得一个价值为 700 万元人民币的应收账款。随着时间的推移，汇率一直处于变动中。如果结算时的汇率水平高于 7，那么中国企业实际回收的人民币价值也会高于之前预期的 700 万元人民币，这就是一种收益了。相反，如果结算时汇率低于 7，那么企业将因此遭受损失。

对于外汇风险这种具有一定收益可能的经济学意义上的风险，风险管理的当事人需要有一个明确的态度，即究竟是接受这种风险，甚至是追求这种风险，来换取盈利的可能，同时承担相应的损失；还是要规避这种风险，放弃盈利的可能来避免损失。理论上讲，这两种选择并没有优劣之分，只是风险管理者的态度不同而已。

我们需要从另一个角度来思考问题，一个企业开展国际贸易业务的目的到底是什么？在正常情况下，一个企业开展国际贸易业务，如果是出口商，它必定期望通过增加商品的销量来提高收入；如果是进口商，它则是期望通过国际采购来满足自己的生产或销售需求。无论是哪一种目的，货物的交换才是国际贸易的核心。因此，一个理性的企业应该将其有限的精力投入货物交换中，而不是期待通过外汇风险来获得额外利润。企业应该清楚，自己从事国际贸易业务的核心在于货物交易，而非金融。

三、外汇风险的内部管理

所谓外汇风险的内部管理，即企业依靠自身力量来对外汇风险进行管理。常见的方法有以下几种：

（一）提前结汇

提前结汇即一方当事人要求相对当事人在双方约定的结汇日期前完成结汇。例如，双方约定在某年 12 月底完成结汇，一方当事人基于自己的需求，要求另一方当事人在 12 月初完成结汇。提前结汇有两种情况：一是进口商要求提前结汇。这种情况发生在结算货币相对本国货币升值的情况下。假设我国某企业需要对外支付一笔美元，而美元正好处于升值期，此时每延后一天，企业都需要支出更多的人民币来购买相同金额的美元，那么企业自然希望能提前完成结汇。二是出口商要求提前结汇。这种情况发生在结算货币相对本国货币贬值的情况下。假设我国某企业将从外商处收回一笔美元，此时美元正处于贬值期，那么，每推迟一天，我国企业所得到的人民币都会更少。在这种情况下，企业基于自己的利益一定会要求尽快完成结汇。

提前结汇在理论上没有任何问题，但我们需要思考的是，这种提前结汇在实际交易中是否可以完成。完成提前结汇最大的问题是相对当事人是否愿意配合。在外汇交易时，双方当事人处于一种零和博弈的状态，即一方当事人因汇率变动遭受的损失会成为相对当事人的收益。以我国出口商要求提前结汇为例，由于美元处于贬值期，我国企业推迟一天结汇就会遭受损失，但在相对当事人的立场上，推迟一天结汇就意味着其购买美元所需要支付的本国货币会更少。简单来讲，要求提前结汇对我国企业是一种合理且有利的做法，但对相对当事人而言就是一种不合理且遭受损失的做法。换言之，相对当事人没有理由答应我国企业的这一要求。

（二）延后结汇

延后结汇是与提前结汇相对的概念，即一方当事人要求将约定好的结汇日期延后的一种做法。要求延后结汇的理由和要求与提前结汇是一样的，都是为了能以一个低价格购买外汇或以一个高价格来换回本国货币。延后结汇和提前结汇存在的问题也是一样的，即相对当事人大概率不会同意延后结汇的要求。因此，无论是延后结汇还是提前结汇，在真实的外汇结算场景中能被利用的可能性其实不大，它们更像是一种理论上的外汇风险管理方法。

（三）多种货币结算策略

企业使用单一货币结算，实际上承受了来自结算货币与本国货币之间汇率变动所带来的风险。当然，企业也可以选择使用本国货币进行结算，但这要求本国货币在国际结算市场上有一定的认可度。从当前实际来看，除了美国和欧元区企业，其他国家或地区企业恐怕都很难做到完全使用本国货币结算。既然无法完全使用本国货币，那么可以在结算的过程中尽量使用多种货币，让不同货币汇率的变动相互抵消，从而降低汇率变动给企业带来的风险。

（四）资产负债调整

之前谈及的方法大多针对交易风险，而资产负债调整则是针对会计风险的一种处理方式。虽然我们认为会计风险只是一种账面数字风险，对企业的实际经营管理的影响不大，但对于一些上市企业而言，账面的所谓"漂亮"同样重要，因为这有可能关系到企业股价变动、信用评级等问题。对于在全世界多个地区营业的企业而言，其资产负债同样处于多种货币标识的状态。那么，企业可以通过增加升值货币标识的资产，同时减少这种货币标识的负债；又或是增加贬值货币标识的负债，同时减少这种货币标识的资产的方法，来使合并后的资产负债表数据更加"漂亮"。

以上属于常见的外汇风险内部管理方法，下面对这些方法做一个简要评价。从结论来看，内部管理方法发挥作用的机会其实并不大，这些方法大多只在理论层面上成立。除多种货币结算的方法外，其他方法都涉及一个问题——汇率走势的预测。因为只有准确预测了汇率的走势，提前知晓结算货币在未来一段时间是升值还是贬值，才能正确选择使用提前结汇还是延后结汇的策略。另外，就算当前汇率处于某个趋势（下行趋势或上行趋势），我们也不能确定汇率走势是否存在拐点。企业不可能在出现汇率走势拐点后频繁变更外汇管理策略，这不仅不能实现风险管理，还会因为频繁的外汇交易产生过多的交易成本，毕竟银行柜台的换汇要收取手续费。

四、针对外汇风险的外部管理

既然内部管理不容易达成目的，那么企业在进行外汇风险管理时，将不得不采取外部管理的方法。所谓的外部管理，即使用企业以外的力量来处理外汇风险问题。

（一）基本概念

针对外汇风险进行外部管理，要先对相关概念进行梳理。

1. 头寸

头寸是指企业所持有的有关外汇的资产与负债。对于出口企业而言，当与相对当事人订立出口合同时，企业就有了一笔应收账款，这笔账款会以资产的形式计入资产负债表。那么，我们就可以认为企业产生了一笔外汇头寸。同样，如果是进口企业，当与相对当事人订立进口合同时，企业就有了一笔应付账款，其也以负债的形式计入资产负债表，这也是一种头寸。在概念上，资产头寸称为"多头寸"（long position）；负债头寸称为"空头寸"（short position）。对于企业而言，如果多头寸与空头寸一致（包括货币种类一致与货币数量一致），我们可以认为此时的头寸为零。事实上，只要是开展国际贸易业务的企业，在业务过程中就一定会产生头寸，如果多头寸与空头寸不一致，就会形成一种"敞口"，这种敞口实际上就是外汇风险的来源。

2. 汇率变动

在概念上，汇率被认为是不同货币之间的交换比例，也可以说是一种货币由另一种货币表示的价格。例如，美元兑人民币汇率为 7 的时候，意味着 1 美元的价格为 7 元人民币，或 1 元人民币的价格为 1/7 美元。既然是价格，那么根据价格机制，汇率实际上是由货币的供求关系决定的。而供求关系受市场上的多重因素影响，供求关系的预测事实上不可能做到。因此，在执行浮动利率制度的国家或地区，汇率实际上是处于一直变化的过程中，并且这种变化是不可控的，也是不可预测的。

（二）外汇风险外部管理思路

了解了头寸和汇率变动的概念，我们就能清楚地了解外汇风险的来源。简单来讲，头寸中的敞口与汇率变化的乘积共同决定了风险的大小。那么，我们要对外汇风险进行管理，就需要在敞口和汇率上下功夫。

预测汇率的变动是做不到的。事实上，外汇市场更贴近于一个完全竞争市场。因为外汇市场上有全天候的投资者，每天的交易额更是高达数万亿美元。在这样的市场上，任何一个单一参与者要影响市场都是非常困难的。

既然如此，要管理外汇风险只能在敞口上下功夫。企业要尽可能控制敞口，让敞口最小化，如此就完成了对外汇风险的管理。那么，对于需要面对外汇风险的企业而言，如何缩小敞口呢？我们在上文中提到过，敞口实际上是外汇多头寸与空头寸之间的差额，那么只要企业能让所持有的多头寸与空头寸相等，就可以消除敞口，也就消除了外汇风险。具体来讲，如果企业持有外汇资产，那么可以通过人为构建外汇负债；如果企业拥有外汇负债，那么可以通过人为构建外汇资产，由此实现外汇资产与负债的均衡，最终实现外汇风险管理的目的。因为当外汇升值时，企业持有的外汇负债将出现损失，但拥有的外汇资产能带来收益，只要负债与资产金额一致，那么就能实现盈亏相抵。

（三）外汇风险的外部管理具体措施

到目前为止，我们已经了解了对于外汇风险管理的基本思路，即控制甚至是消除敞口。下面我们来了解构建头寸以控制敞口的方法。

1. 远期交易

这是我们已知最简单的头寸构建方法。所谓远期，是指在交易合约订立一段时间之后再进行实物交割的一种交易方式。运用到外汇风险管理领域，企业可以通过远期交易来构建头寸，以此实现对敞口的控制。例如，一个出口企业订立了以美元结算的出口合同，因担心结算时美元价值下跌，于是选择在远期外汇市场上出售一笔美元。由于远期合同不要求企业立即支付美元外汇，所以企业此时只是确定了出售美元的价格，而不会进行实际交易。企业因未来会支付一笔美元，此时就形成了外汇债务，构建了一个空头寸。这个空头寸就可以中和出口合同所带来的多头寸，从而消灭外汇敞口。待到出口合同结算时，企业拿着回收的美元直接去支付远期外汇即可。由于远期外汇交易中的美元价格早已商定好，企业在订立远期外汇合同时就能确定自己能回收多少人民币，不再受到汇率的影响。当前，这种远期外汇业务在银行和一些具有资质的金融机构均有运营，企业可以根据自己的需求进行选择。

2. 期货交易

远期交易经过交易所的规范与标准化之后，也形成了相应的外汇期货交易，期货交易与远期交易的原理一样，在此不做赘述。

3. 期权交易

远期交易和期货交易的出现让风险管理有了一个良好的工具。运用远期交易和期货交易进行风险管理时，企业在避免风险的同时必须放弃汇率变动所带来的盈利的可能性。虽然这是完全正常的现象，但企业总会感到不满足。试想，如果在进行外汇风险管理的时候，在消除损失的同时保留盈利的可能，那将会是一件吸引力极大的事情。在这种现实需求下，人们在远期交易和期货交易的基础上开发了期权交易。

期权交易是一种权利交易，交易的对象不再是外汇本身，而是在未来买卖外汇的权利。对于这种交易，企业可以换一笔钱来购买期权，从而拥有在未来约定时间，以约定价格出售或购入外汇的权利。如果约定的外汇价格合适，能实现对汇率变动造成损失的弥补，那么企业将选择行使权利。相反，如果届时的外汇价格不能让人满意，企业完全可以放弃行使权利。总之，使用期权进行外汇风险管理，可以让企业在消除风险损失的同时获得通过外汇盈利的机会。

企业通过期权来解决外汇风险是一种常见的外部管理手段。但这里有一个问题需要讨论，即期权究竟解决风险问题没有？

要回答这个问题，我们要回到本书之初提出的一个问题：到底什么是风险？风险总是给人一种不好的感觉，它会给我们带来损失，如果我们这样来理解风险，那么期权确实是一个优秀的风险管理手段。但如果我们使用经济学的观点，将风险定义为一种不确定性，其实期权并没有完成风险管理。因为期权只控制住了损失，对于盈利时的不确定性仍采取了放任态度，但盈利时的风险，当事人又何必在意呢？

4. 外汇保险

无论是远期交易、期货交易还是期权交易，要熟练运用其实并不容易。外汇衍生品是一个相对专业的领域，企业要想达到外汇风险管理的目的，可能要付出额外的人力资源成本，毕竟找到一位精通金融的专业职员并不是一个简单的事情。换句话说，远期交易、期货交易、期权交易，对于一些需要控制成本的中小型国际贸易企业而言，运用起来难度仍然较大。

为了帮助中小型国际贸易企业管理外汇风险，一些保险公司开始运营外汇风险保险产品。在这种保险产品的支持下，企业应对外汇风险就像车主应对驾驶风险一样简单。但同样需要注意，外汇风险和一般的财产风险是不一样的，一般的财产风险带来的只能是一种损失，而外汇风险是可以让外汇资产负债的持有人从风险中获得收益的，严格意义上讲，外汇风险不满足保险公司立场上"可承保风险"的要求。然而，外汇保险对国际贸易的促进和支持作用是显而易见的，以国家政策性保险公司为主来经营外汇保险产品逐渐成为国际主流。另外，在保险人立场上经营外汇保险产品并非完全不可获利，开发具有盈利属性的外汇保险产品是可能的。以中国为例，以中国出口信用保险公司为首的政策性保险公司，以及其他商业保险公司（包括在华外资保险公司）共同组成了我国的外汇保险供给市场。根据国家外汇管理局所公布的数据，当前已经有150多家保险公司获得了经营外汇保险业务的资格。